나폴레온 힐 긍정의 힘

NAPOLEON HILL'S POWER OF POSITIVE ACTION

나폴레온 힐

긍정의 힘

NAPOLEON HILL'S
POWER OF
POSITIVE
ACTION

나폴레온 힐 · 주디스 윌리엄슨 지음 | 이소옥 옮김

for book

NAPOLEON HILL'S POWER OF POSITIVE ACTION

　　나폴레온 힐은 무일푼으로 시작해 미국 50대 부자로 선정된 자선 사업가이자 자기계발서 작가로 활동했던 W. 클레멘트 스톤W. Clement Stone과 공동으로 집필한 책에서 '성공의 십계명'을 언급했다. 그중에서도 '지금 당장 실행하기'와 '긍정 행동의 힘'을 최우선으로 꼽았다. 그는 이 두 가지를 일상생활에 적용하면 스트레스를 줄여 더 많은 성과를 얻을 수 있고, 자기 관리를 더 잘할 수 있게 되어 후회 없는 삶을 살 수 있다고 했다.

　해야 할 일을 미뤄 둔 채 고민을 하면, 그로 인해 파생된 나쁜 기운이 당신의 삶에 훼방을 놓는다. 미뤄 둔 일들은 제멋대로 덩치를 불려 삶을 어지럽히고, 결국에는 풀 수 없는 매듭이 된다. 해야 할 일 목록에서 제외된 채 방치된 일들은 지저분한 지하실에, 옷 무덤으로 변한 옷장 안에, 음식이 썩고 있는 냉장고 안에, 혹은 빨래더미가 되어 쌓여 간다. 그러나 해야 일을 제때 처리한다면 삶은 좀 더 여유롭고 풍요로워질 것이고, 예상치 못한 위험이 닥치거나 난처한 일 때문에 겪어야 하는 삶의 혼란을 피할 수 있다.

누가 부탁하거나 지시하기 전에 긍정적인 마음으로 스스로 행동할 때, 독립심과 자기 관리를 위한 힘을 기를 수 있다. 긍정적이고 자발적인 행동은 스트레스를 줄여 주고, 쉽게 포기하지 않도록 인내심을 길러 주며, 성공의 기회를 자신에게로 끌어당긴다. 반면에 긍정의 마음으로 행동하지 않으면, 하는 일마다 뒤엉키고 꼬여서 제풀에 꺾여 버리게 된다.

사람의 습관은 하나의 행동을 오랫동안 반복했을 때 형성되고, 좋은 습관은 좋은 결과를 가져온다. 반복적인 행동을 통해서 좋은 습관을 몸에 익혀 두면, 일상 속의 삶에 깊숙이 스며든다. 그 결과, 좋은 습관은 다른 사람들에게 모범이 될 뿐만 아니라 일상생활에서도 적극적으로 행동하는 사람으로 변화시킨다.

긍정적인 행동을 실천하겠다고 결심하면, 그에 따른 혜택이 즉시 돌아온다. 이 책을 읽고 난 후, 스스로를 변명하지 않고 행동하는 사람이라고 마음속에 새겨 두자. 그러면 마음속으로 결심하는 순간부터 그에 따른 결과가 따라올 것이라는 믿음을 갖게 된다. 결과를 이끌어내기 위한 굳은 결심과 결합된 행동은 어려움을 이겨내는 강력한 힘이 되어 준다. 긍정적인 마음가짐으로 자신에 대해 주도권을 쥐고 행동할 때, 자신에게 필요한 명령을 적시에 내릴 수 있다. 머뭇거리지 말고 당장 시작하자. 주저하는 사람은 성공의 열매를 얻을 수 없다. 지금 즉시 긍정적인 행동의 힘에 접속하여 내 인생의 보물을 찾자.

이 책에는 긍정적인 행동의 힘을 키워 주는 오십 가지 주제를 다룬다. 매주 하나씩 읽은 후, 그 주제에서 강조하는 메시지를 하나씩 실천하면서 멈추지 말고 앞으로 나아가자. 그렇게 실천하다 보면, 어느 순간부터 당신은 주변 사람들에게 유능한 사람이라는 평가를 받게 될 것이다.

어제의 나를 뛰어넘고 더 멀리 나아가려면 행동하는 사람이 되어야 한다. 행동하는 사람이 되기 위해 지속적으로 노력해야만 자신이 꿈꾸는 인생을 펼칠 수 있고, 자신만의 성공과 성장도 이끌어 낼 수 있다. 긍정 행동의 힘이 선사하는 삶의 기쁨을 놓치지 않기를 바란다. 여러분의 앞날에 행운이 있기를!

- 주디스 윌리엄슨Judith Williamson

차례

| 차례

나폴레온 힐의 명언

삶이 자신을 괴롭히게 내버려 둔다면,
삶은 계속해서 자신을 내버려 두지 않을 것이다.

·

꿈을 이룰 계획을 세웠다면 준비되었든 준비되지 않았든
그 계획을 즉시 행동에 옮겨라.

·

자신이 원하는 것을 모른다면,
어떻게 그것을 얻을 수 있겠는가?

·

성공한 사람들은 원하는 것에만 초점을 맞추고,
원하지 않는 것은 마음에서 떼어낸다.

·

상상력은 영혼의 작업장과 같아서
성공에 필요한 계획들을 만들어 낸다.

·

말에는 힘이 있다.
'절대, 오직, 아무것도, 모든 것, 아무도, 할 수 없어'
같은 단정적인 말은 사용하지 마라.

NAPOLEON HILL'S POWER OF POSITIVE ACTION

1. 생각한 대로 거둔다

주위에 고통을 겪고 있는 사람이 있다면, 그의 곁에 진심으로 아끼는
사람들이 있음을 알려 주자. 주변 사람들이 그를 잊은 것도 아니고,
고통 속에 홀로 남겨 두지 않았음을 느끼도록 도와주자.
- 엘리 에셀 알퍼스테인Elizer A. Alperstein

'서문'에서 이야기한 것처럼 이 책에 수록된 오십 가지 주제를 한 주에 하나씩 읽어 나간다면, 네 번째 주제부터는 감사하는 마음과 함께 긍정적인 행동을 실천하는 방법을 알게 될 것이다. 나는 긍정적으로 행동하는 여러 방법들 중에서도 나폴레온 힐 박사가 쓴 '감사 기도문'을 특히 좋아한다. 그가 평생토록 마음속에 간직했던 감사 기도문의 내용은 다음과 같다.

"주여, 더 많은 축복보다 더 많은 지혜를 주소서. 그 지혜로, 태어나는 순간 저에게 선물하신 축복을 더 현명하게 사용할 수 있게 해주시고, 목표를 달성할 수 있도록 내 자신을 통제하고 이끌어 나갈 수 있도록 특권을 허락해 주십시오."

힐 박사는 기도문을 통해서 돈이나 시간 대신에 우리가 이미

누리고 있는 것들에 대해 감사함을 표현할 수 있는 지혜를 얻고
자 했다. 그의 기도문을 통해 우리는 이미 풍요로운 삶을 살고
있으며, 손에 쥔 것을 누리지도 못하면서 더 많은 것을 갈망할
필요가 없다는 사실을 깨닫게 된다. 건강이나 가족, 의미 있는
직업, 장수, 지혜, 평생을 함께 할 친구는 돈으로 살 수 없다. 돈
으로 살 수 없는 것들이야말로 우리가 일상에서 감사해야 할 축
복들이다.

힐 박사의 기도문을 되뇌다 보면, 우리는 빈곤이 아닌 풍요 속
에 살고 있음을 깨닫게 된다. 생각은 마치 자석이 쇠붙이를 끌
어당기듯이, 사람을 생각하는 방향으로 이끈다. 긍정적으로 생
각하고 감사하는 마음을 갖게 되면, 긍정적이고 감사할 일들이
가득 일어난다. 자신의 삶에서 추구할 것이 무엇이고, 감사해야
할 가치가 무엇인지를 깨달을 때 더 많은 것들을 성취할 수 있
다. 사람은 생각하는 대로 거둔다.

힐 박사의 기도문에서처럼 감사하는 태도를 갖게 되면, 삶은
더 나은 방향으로 변한다. 그의 기도문은 특정 종교에 의지하지
않으면서 더 나은 삶으로 나아갈 수 있도록 이끌어 준다. 그리
고 자신의 삶을 스스로 결정할 수 있을 때, 기도문의 효과는 더
욱더 커진다.

우리는 보이지 않는 존재에게 삶의 방향을 알려 달라고 기도
하지만, 생각하지 못한 곳에서 기적처럼 답을 얻곤 한다. 그 이
유는 천부적으로 부여 받은 우리의 재능 속에 답이 감추어져 있

기 때문이다. 이것이 바로 삶의 진정한 보물이다. 자신 안에 감
추어진 보물을 찾아내 갈고 닦아서 자신을 위해, 다른 사람을 위
해 사용하라.

끌어당김의 법칙
- 나폴레온 힐

물에는 수평을 찾아가는 성질이 있는 것처럼, 이 세상 모든 것에는 끌어당김의 법칙이 작용한다. 모든 물질은 자신과 비슷한 성질을 가진 대상과 가까워지려고 한다. 중력 덕분에 태양계의 행성들이 제자리를 도는데, 만약 끌어당김의 법칙이 없으면 어떻게 될까? 오크 나무의 세포와 포플러 나무의 세포가 결합해서 반은 오크, 나머지 반은 포플러인 나무가 자랄지도 모른다. 하지만 끌어당김의 법칙 덕분에 그런 일은 일어나지 않는다.

끌어당김의 법칙을 조금 더 파고들어 보면, 그 법칙이 사람들 사이에서 어떻게 작용하는지 알 수 있다. 성공한 사람들은 자신처럼 일정한 지위에 오른 사람들과 교류하려고 한다. 그러나 성공하지 못한 사람은 자신처럼 소외된 사람들과 어울린다. 이런 모습은 물이 높은 곳에서 낮은 곳으로 흐르는 것처럼 자연스러운 현상이다.

좋은 것이 좋은 것을 끌어당기는 끌어당김의 법칙은 불변의 법칙이다.

사람들은 자신과 생각이 비슷한 사람을 만나기 위해 지속적으로 서로를 탐색한다. 그럴 때, 우리의 사고방식과 가치관은 다른 사람을 끌어당기는 '자석'으로 작용한다. 이와 함께 자신의 생각을 통제하면서 원하는 방향으로 이끌어 나가기 위해서는 긍정적인 마음가짐과 행동이 매우 중요하다.

의식적으로 생각하는 것이 행동에 영향을 미친다면 어떻게 될까? 자신에게 유리한 상황을 만들려면 마음이 향하는 방향을 신중히 선택해야 하지 않을까?

생각이 행동에 미치는 영향의 의미를 곱씹어 보라. 인류가 일궈 낸 모든 성과는 생각을 행동으로 옮기는 것에 바탕을 두고 있으며, 이는 과학적으로도 확인된 사실이다. 지금부터 당신은 의심과 좌절, 불확실성처럼 실패가 도사리고 있는 황무지를 건너기 위한 길을 닦아야 하기에 그 길에 대한 철저한 공부가 필요하다.

인간의 사고를 정확히 설명할 수는 없다. 그러나 그 분야를 연구하는 철학자나 과학자들은 '생각은 사람의 행동을 좌우하는 강력한 힘을 가지고 있다'고 말한다. 또한 심사숙고를 통해 형성된 개인의 이상은 마음속에 영구적으로 자리를 잡는데, 이는 의식적으로든 무의식적으로든 사람의 행동에 영향을 미친다.

그래서 자기 암시처럼 의식에 붙잡아 둔 생각은 변화를 원하는 사람들에게 매우 효과적이다. 자기 암시를 통해 자신이 선택한 틀 안에서 변화를 유도할 수 있기 때문이다.

2. 자기 주도적인 마음가짐

성공은 자신이 깨닫고 배운 것을 실천하느냐, 실천하지 않느냐에 좌우된다. 패배자의 마음으로 살아가는 사람은 자신이 처한 상황에 대해 핑계를 댄다. 반면에 성공한 사람들은 핑계를 대지 않는다.
- 크리스토퍼 레이크Christopher Lake

나폴레온 힐은 자신의 삶에서 결정적인 순간을 마주할 때마다 그 상황을 피하지 않고 주도적인 자세로 부딪쳐 나갔다. 그 결과, 오늘날 넘쳐나는 자기계발서 중에서도 그의 저서는 최고로 꼽힌다. 앤드류 카네기의 '성공철학'을 집대성한 일에서부터 은퇴 후 W. 클레멘트 스톤의 제안으로 시작한 공동 집필을 마무리한 일까지, 나폴레온 힐은 늘 목적의식을 가지고 삶을 살았다. 덕분에 그가 일군 방대한 양의 저서와 연구 자료는 현재까지도 많은 사람들에게 영감을 주고 있으며, 미래의 리더들에게 좋은 자양분이 되고 있다.

앤드류 카네기, W. 클레멘트 스톤과 함께했던 집필 작업은 힐 박사가 평생에 걸쳐 완성하려 했던 성공철학의 핵심이다. 힐 박사는 평생 동안 열정적으로 성공철학을 연구했고, 두 사람은 힐 박사에게 영감을 주는 원천이었다. 힐 박사가 연구한 성공철학은 목표 달성의 의지가 있는 사람이라면 누구든 배워서 실천할 수 있는 학문이다. 하지만 성공법칙이 제대로 작동하려면 자기 관리와 주체성이 뒷받침되어야 한다.

힐 박사는 연구를 통해 '성공'이라는 복잡한 시스템이 빛을 발하려면, 긴밀하게 작용하는 여러 가지 법칙들이 동시에 작용해야 한다는 사실을 밝혀냈다. 성공 시스템 안에 있는 수많은 법칙들은 정신과 육체, 감정, 재정, 영적 측면과 같이 인간을 구성하는 다양한 요소들을 포함하고 있다. 특히 최근의 연구를 보면, 힐 박사가 인간을 바라보는 방식이 성공철학 연구에 매우 효과적임을 입증하고 있다. 인간은 복잡한 존재이기 때문에, 성공 시스템이 제대로 작동하려면 인간을 구성하는 모든 요소들이 동시에 제 기능을 해야 한다.

예나 지금이나 힐 박사의 연구는 매우 혁신적이고 진취적이다. 인간의 신체가 각기 다른 기능을 수행하는 동시에 상호 작용하는 시스템의 결합체이듯, 성공철학 역시 다양한 법칙이 서로 맞물려 작용하는 철학이다. 따라서 힐 박사의 성공철학은 개인의 성공 시스템을 체계적으로 설명한 유일한 자기계발 학문이라고 할 수 있다.

자기 안에 내재된 잠재력을 발현하고 싶은 사람은 나폴레온 힐의 성공철학을 활용할 수 있어야 한다. 다른 사람에게 모범이 될 만한 성공의 만찬을 차리고 싶다면, 요리책을 따라하듯이 나폴레온 힐의 성공철학을 배워야 한다. 예를 들어 요리를 할 때,

단순한 메뉴를 만들겠다고 생각하면 결과물은 샐러드나 디저트 정도에 그치고 만다. 그러나 고급 메뉴를 만들겠다고 생각하고 구체적인 계획을 세워서 시작하면 메뉴의 맛과 질이 달라진다.

성공철학도 마찬가지다. 작은 성취에 만족해서는 안 된다. '성 공'이라는 만찬을 준비할 때는 큰 목표를 세우고 실천해야 더 크 고 완벽한 만족감을 느낄 수 있다.

성공한 리더들의 특징

- 나폴레온 힐

성공하는 리더가 되려면 무엇보다 자기 주도적인 마음가짐으로 행동해야 한다. 대체로 성공한 리더들에게서 볼 수 있는 공통적인 특징은 다음과 같다.

- 자기 주도적인 마음가짐
- 명확하고 원대한 목표 설정
- 목표 달성을 위해 끊임없이 행동하도록 영감을 주는 동기 부여
- 목표 달성에 도움이 되는 마스터 마인드 클럽(리더들의 모임) 참여
- 원대한 목표에 걸맞은 자립심
- 꿈을 실현할 때까지 동기를 부여하고, 심신을 통제하는 자기 관리 기술
- 꿈을 이루겠다는 의지와 끈기
- 통제되고 확실한 방향성을 가진 풍부한 상상력
- 명확하고 신속한 결정에 이르는 습관
- 추측보다 사실에 근거한 의견에 기반을 두는 습관

- 한층 더 노력하는 습관
- 목표 달성을 위해 열정을 쏟고, 역량을 안배할 수 있는 능력
- 잘 개발된 세심한 감각
- 비판을 겸허히 수용하는 자세
- 자신의 행동에 영감을 불러일으키는 동기 부여 요소 찾기
- 업무를 수행할 때, 그 일에 온전히 몰입하는 집중력
- 아랫사람의 실수를 기꺼이 책임지는 자세
- 다른 사람의 장점과 능력을 인정하는 자세
- 항상 긍정적인 마음가짐으로 행동하기
- 맡은 일을 끝까지 책임지는 자세
- 자신의 믿음을 행동으로 옮기는 능력
- 부하직원이나 동료들과 속도를 맞춰 일하는 인내심
- 한 번 시작한 일은 반드시 마무리하는 습관
- 일 처리 속도보다 완벽한 마무리를 중시하는 마인드
- 신뢰감(리더십의 조건 중 유일하게 한 단어로 표현되는 덕목으로, 매우 중요함.)

이 외에도 리더가 갖춰야 할 특징들은 많지만, 여기에 나열된 것들은 필수적인 덕목들이다. 훌륭한 리더들 중 아무나 선택해서 위의 각 특징에 얼마나 부합하는지 평가해 보고, 그 사람이 몇 가지 특징을 갖추고 있는지 알아보라.

3. 21일간의 도전

나는 하루도 거르지 않고 아침마다 '긍정 선언문'을 낭독하며, 고객들에게도 같은 글을 읽도록 권한다. 그 이유는 긍정 선언문 낭독을 하루만 걸러도 사회에 만연한 부정에 물들 것 같은 생각이 들기 때문이다.
- 짐 로르바흐Jim Rohrbach

자신을 부정과 우울의 나락으로 빠뜨리는 패배주의에 젖어 있는가? 더 건강하고 긍정적인 미래를 위해 오늘부터 21일 간 변화를 모색해 보는 건 어떤가? 여기에 예시한 방법을 실천한다면, 긍정적으로 생각하고 행동하는 자신을 발견하게 될 것이다.

여기에 제시한 예시들은 지극히 평범한 행동들이며, 우리의 자아를 구성하는 여섯 가지 요소에 따라 분류되어 있다. 독자들이 자신에게 필요한 행동들을 추가하여 맞춤형 변화를 모색할 수 있도록 여섯 개 항목으로 나누었다. 이 목록을 워드에 입력한 후, 자신에게 필요한 행동을 더해 보라. 그런 다음, 더 건강하고 행복한 미래를 위해 앞으로 21일간 각각의 행동을 실천해 보라.

21일 후, 부정적인 습관을 긍정적인 습관으로 바꾸는 데 성공했는가? 변화가 있었다면 자신의 경험을 주변 사람들에게 이야기해 주고, 그들이 변할 수 있도록 영감을 주자!

	고쳐야 할 부정적 행동	실천해야 할 긍정적 행동
신체	패스트푸드 즐겨 먹기	과일, 채소 즐겨 먹기
	미루는 습관	10분 먼저 시작하기
	늦잠자기	30분 먼저 일어나 명상하기
심리	장시간 TV 시청하기	새로운 기술 배우기
	편협한 시각	다른 관점에서 생각해 보기
	부정적인 기사 찾아보기	인문 교양서 읽기
감정	사적인 만남 줄이기	새로운 친구 찾아보기
	사소한 일에 화내기	평안한 상태에 집중하기
	혼자 있는 시간 즐기기	공동체 활동에 참여하기
사회	소통하지 않기	대화에 참여하고 경청하기
	모임 초대 거절하기	모임 주최하기
	친구와 멀어지기	새로운 친구 사귀기
경제	소비 활동 즐기기	여유 자금 저축하기
	투자 활동 무관심	자산 투자에 관심 갖기
	감정에 따라 소비하기	소비 내역 관리하기
정신	오만하기	선물에 감사할 줄 알기
	표면적으로 사고하기	삶의 근원에 대해 고민하기
	의례적인 행동 반복하기	새롭게 접근하기

사람을 변화시키는 힘

- 나폴레온 힐

깊은 산골 농촌에서 농사를 짓는 농부가 재혼하여 새로운 부인을 맞이했다. 농부에게는 어린 아들이 둘 있었고, 부인에게도 전 남편 사이에서 얻은 아들이 둘 있었다. 그 후, 재혼한 부부 사이에 다섯 번째 아들이 태어났다.

전형적인 산골 마을 가정에서 자란 농부는 가진 것도 변변찮았고, 글도 읽을 줄 몰랐다. 반면에 농부의 새로운 부인은 유복한 집안에서 태어나 대학 교육과 풍요로운 문화를 누린 여성으로, 빈곤과 문맹에 순응하는 사람이 아니었다.

두 사람이 결혼식을 올린 날 밤, 피로연에서 농부는 새 아내에게 자신의 아홉 살배기 큰 아들 제시 제임스를 소개하면서 이렇게 말했다.

"이 녀석은 최악의 말썽쟁이로 소문난 큰아들이라오. 아침이 밝기도 전에 당신에게 짓궂은 장난을 칠지도 모르오."

부인은 어린 제시 제임스에게 다가가 고개를 들게 하고는 잠시 눈을 맞추었다. 그러고는 고개를 돌려 남편에게 이렇게 말했다.

"당신은 틀렸어요. 제시는 최악의 말썽쟁이가 아니에요. 아직 자기 재능을 펼칠 기회를 얻지 못한 아주 영리한 아이에요."

그날 이후, 소년 제시 제임스와 새엄마 사이에는 특별한 우정이 꽃피었고, 두 사람의 믿음은 제시의 인생에 엄청난 영향을 끼쳤다. 그때까지 제시는 영리하다는 말을 들어본 적이 없었다. 제시의 아버지를 포함해 이웃과 친척 모두가 제시를 '악동'이라 불렀고, 제시 역시 늘 짓궂은 행동을 하며 자신을 악동이라 여겼다. 하지만 새엄마의 말 한 마디에 제시의 인생은 완전히 변해 버렸다.

위의 이야기처럼, 당신이 부모라면 자녀를 변화시킬 수 있는 힘은 당신에게 있다는 점을 기억해야 한다. 행복을 찾아 길을 떠나는 자녀에게 힘을 실어 주고, 긍정의 영향력을 발휘하여 기적을 선물해야 하지 않겠는가?

제시의 새엄마는 연약한 여성이었지만, 야망과 열정은 그 누구보다 큰 사람이었다. 결혼 후, 그녀는 남편과 함께 마스터 마인드 모임을 만들어 남편이 빈곤에서 벗어나도록 도움을 주었다. 또한 그녀의 남편은 아내의 조언을 받아들여 서른여덟 살 늦은 나이에 켄터키 루이스빌 치과대학에 입학해 학위를 받았다.

4. 일상 속의 열두 가지 선물

실패는 유전자를 통해 물려받는 기질이 아니다. 실패는 생일날 어머니가 구워 주신 생일 케이크나 아버지와 함께 캠핑을 갔던 추억처럼, 부모가 우리에게 건네주는 '선물'과 같은 것이다.
- 엘리에셀 알퍼스타인Eliezer Alperstein

빈곤은 심리적인 상태로서, 일곱 가지의 근본적인 공포 중 하나다. 정신적으로나 물질적으로 가난하다고 생각하면, 그와 관련된 감정들도 함께 밀려온다. 자신이 가난하다고 생각하거나 느끼면 빈곤의 악순환이 지속되므로, 자신의 삶을 풍요롭게 만들어 주는 요소에 초점을 맞춰 생각해야 한다. 풍요로운 삶을 누리는데 반드시 돈이 필요한 것은 아니다. 돈을 쓰지 않더라도 얼마든지 풍요로운 삶을 누릴 수 있다.

나폴레온 힐이 꼽은 우리 삶 속의 열두 가지 위대한 선물은 삶을 풍요로운 관점으로 바라볼 수 있게 하는 좋은 지침이다. 일상 속에서 열두 가지 삶의 선물을 어떻게 발견할 수 있는지 살펴보자.

첫 번째 선물, 긍정적인 마음가짐

굳은 의지를 마음에 품고 항상 즐거운 생각을 떠올리면 '끌어당김의 법칙'이 작용하여 좋은 일이 생긴다. 예를 들어, 아름다운 꽃 한 송이를 찾아보라. 당신의 시선을 사로잡는 아름다운 꽃을 발견하면, 그 꽃을 식탁이나 탁자에 올려 두고 다른 사람들과 함께 감상해 보라. 이렇게 하면 적은 돈으로도 주변 사람들에게 즐거움을 선사할 수 있다.

두 번째 선물, 건강한 신체
건강은 삶의 근원이다. 잘 먹고, 잘 자고, 매일 운동하며 최상의 결과를 만들어 낼 수 있도록 꾸준히 몸을 관리하자.

세 번째 선물, 조화로운 인간관계
가능하면 남들 앞에서 적게 말하고, 더 많이 듣자. 원만한 대인관계를 위해 상대방의 관점에서 문제를 바라볼 수 있도록 노력하자.

네 번째 선물, 공포에서 벗어나기
정신적 건강을 위해 공포심을 믿음으로 바꾸고, 자신이 통제할 수 없는 일은 걱정하지 말자.

다섯 번째 선물, 목표를 달성할 수 있다는 희망
처음부터 큰 목표에 도전하기보다는 작은 목표를 먼저 세우고

달성해 보자. 작은 목표에서 시작해 더 큰 목표를 향해 나아가
자.

여섯 번째 선물, 믿음을 담을 수 있는 역량
믿음에 기반한 감동적인 이야기를 읽고 자신의 삶에도 비슷한
사례가 있는지 찾아보자.

일곱 번째 선물, 자신의 축복을 나누려는 자세
남는 재산이 아니라, 현재 자신이 버는 수익의 일부를 어려운
사람들과 나누자.

여덟 번째 선물, 사랑의 실천
순수하게 행위 자체로 즐거워지는 일을 시작하자.

아홉 번째 선물, 열린 마음으로 바라보는 자세
세상에서 자신이 차지하는 공간을 늘리고 더 성장할 수 있도록
도전하자. 현재에 안주하지 말고 새로운 지식과 기술을 배우자.

열 번째 선물, 자기 관리
시간과 돈에 대한 계획을 세우고, 건강 유지를 위한 일별 계획
을 세우자. 티끌모아 태산이 된다.

열한 번째 선물, 다른 사람을 이해하는 능력

사람의 마음을 움직이도록 영감을 주는 동기 부여로 스스로를 단련하자. 그런 다음, 자신에게 동기를 부여하는 1순위, 2순위에 어떤 것들이 있는지, 그것들이 좋은 동기 부여인지 아닌지 생각해 보자. 자신의 행동이 자기 삶의 위치를 결정한다.

열두 번째 선물, 경제적 안정

수입의 일부를 저축해서 계획적이고 안정적으로 재정을 유지하자. 재정적인 문제로 다른 사람의 일꾼이나 노예가 되지 말자.

인생이 우리에게 주는 열두 가지 선물을 알아보는 안목을 갖추게 되면, 자신뿐만 아니라 주변 사람들에게 도움을 줄 수 있다. 또한 성공적인 인생을 살았다는 평가를 받을 수도 있다. 성공이라는 실체가 막연하고 먼 이야기로 들리기 쉽다. 하지만 쉬운 일들을 하나씩 실천하다 보면, 어느 순간 성공에 다가서 있는 자신의 모습을 보게 될 것이다.

빈곤 극복

- 나폴레온 힐

빈곤은 부정적인 마음가짐의 산물이며, 삶 속에서 누구나가 경험하는 마음의 상태다. 빈곤은 '일곱 가지 근본적인 두려움(가난에 대한 두려움, 외모와 나이듦에 대한 두려움, 사랑하는 사람을 잃는 것에 대한 두려움, 다른 사람들의 비난에 대한 두려움, 질병에 대한 두려움, 자유의 상실에 대한 두려움, 죽음에 대한 두려움)' 중에서도 첫 번째로 꼽힐 뿐만 아니라, 가장 파괴적이다. 하지만 나머지 두려움들과 마찬가지로 빈곤 역시 노력 여하에 따라 얼마든지 극복할 수 있는 '마음의 상태'이기도 하다.

많은 사람들이 자신의 빈곤 상태를 극복할 수 없는 운명으로 받아들여 평생 그 짐을 짊어지고 살아간다. 이처럼 빈곤은 인간의 삶에 크나 큰 영향을 미친다. 반면에 빈곤을 완전히 극복한 사람들은 물질적으로, 정신적으로 풍요로운 삶을 누린다. 어쩌면 빈곤은 유약한 사람과 강인한 사람을 구분하려고 조물주가 고안해 낸 장치인지도 모른다는 생각이 든다.

내가 조사하고 관찰한 자료에 의하면, 빈곤을 극복한 사람들은 하나같이 성공에 방해가 되는 요소는 무엇이든 자기 통제 하에 둘 수 있다고 믿고 있었다. 반면에, 빈곤을 운명으로 받아들이는 사람들은 성공에 방해가 되는 요소에 휘둘리는 모습을 보였다. 실제로 수많은 사례를 관찰했지만, 빈곤에 순응한 사람치고 자신 안에 내재된 잠재력을 끌어내 활용한 사람을 찾을 수 없었다.

누구나 인생을 살면서 다양한 시험에 빠진다. 그럴 때, 자신에 대해 통제력을 가지고 있는지, 아닌지가 드러난다. 조물주가 우리에게 부여한 힘을 부정하고 사용하지 않는 사람은 혹독한 대가를 치른다. 그러나 자신에게 부여된 힘을 믿고 사용할 줄 아는 사람은 달콤한 보상을 받는다.

자신에게 주어진 잠재력을 발휘했을 때 얻을 수 있는 중요한 보상 중의 하나는 모든 공포에서 완벽히 벗어나 '믿음'이라는 위대한 힘을 얻는 것이다.

반면에, 조물주가 부여한 위대한 힘을 부정하거나 무시하면 큰 대가를 치르게 된다. 인생에는 일곱 가지의 공포 외에도 다양한 두려움이 도사리고 있다. 자신 안에 내재된 '마음을 통제하는 힘'을 활용하지 못하면 내면의 평화를 영원히 얻지 못하고 두려움에 시달린다.

5. 성공에 대한 탐색

마흔일곱 살에 해병에서 퇴역하고 외과 의사에 도전했던 나처럼, 우리 모두가 과거의 자신에서 탈피해 새롭게 태어날 수 있다. 마음속으로 믿고 꿈꾸는 것은 무엇이든 이룰 수 있다. 믿어야 변한다.
- J. B. 힐J. B. Hill

인생을 항해하는 동안 자신이 꿈꾸는 성공의 크기도 조금씩 변하고, 조금 더 포괄적인 의미를 갖게 된다. 나이가 들면, 어린 시절에 그토록 간절히 원했던 것들이 더 이상은 간절하지 않은 것들로 변하기도 한다. 생애 주기가 변할 때마다 삶의 가치도 바뀌기 때문에, 그때를 위해 참고할 만한 기준을 마련해 두는 것이 좋다. 나폴레온 힐이 말했던 성공의 정의는 좋은 예라고 할 수 있다. 그는 '성공이란 다른 사람의 권리를 침해하지 않는 선에서 개인이 자기 삶에서 원하는 것을 모두 누릴 수 있는 권리'라고 정의했다.

나폴레온 힐의 성공에 대한 정의는 우리가 할 수 있는 행동과 하지 말아야 할 행동을 구분하는 합리적인 기준을 제공한다. 거짓말, 속임수, 도둑질은 다른 사람의 권리를 침해하기 때문에 용납될 수 없다. 독단적인 사고방식 역시 다른 사람을 통제 하에 두려는 개념이므로 용인될 수 없다.

　목표 달성에 필요한 통제력은 내면에 존재하고 있기 때문에, 외부가 아닌 자기 내면으로 눈을 돌려야 한다. 목표를 성취하고 싶다면, 우선 자신의 내면을 들여다봐야 한다. 자신이 즐거움을 느끼는 일이 무엇인지 파악하고, 그것을 목표로 삼는다면 즐거운 마음으로 목표를 향해 나아갈 수 있다. 자신이 진정으로 좋아하는 일에 쏟는 노력은 즐거운 놀이로 느껴지고, 열정은 소명을 완수하는 데 쏟는 몰입의 경지에까지 이른다.

　자신 안에 내재된 보물, 즉 잠재력을 무용지물로 만들지 않으려면 어떻게 해야 할까? 그렇게 하려면 자신에게 부여된 재능에 대한 믿음을 의심하지 않아야 한다. 그러한 믿음을 바탕으로 노력과 헌신, 자기 주도적이고 긍정적인 행동을 취한다면, 마침내 성공의 사다리를 오르게 될 것이다. 자신에게 다가올 미래의 성공이 어떤 모습인지 궁금하다면 '너 자신을 알라!'는 유익한 충고를 되새기자.

성공과 인과관계의 원리
- 나폴레온 힐

우리가 꿈꾸는 희망 중에 '성공success'만큼 매혹적인 것도 없다. 누군가가 당신게 성공이 무엇이냐고 묻는다면, '성공은 다른 사람의 권리를 침해하지 않는 선에서 자신이 원하는 것은 무엇이든 가질 수 있는 권리'라고 설명해 줘라. 그리고 성공하고 싶다면 '지불 받은 보수보다 더 많이 일하는 습관'을 기르라고 조언해 줘라. 아마도 평범한 사람들은 이 말의 참뜻을 이해하지 못할 것이다.

대신 성공이 금전적 부유함이기도 하다고 설명하라. 상대방이 성공하는 방법을 정확히 알고 있는 극소수의 사람이 아닌 이상, 당신의 말에 바로 관심을 보이며 다음과 같이 물어볼 것이다.

"그렇군요! 그렇다면 많은 대가를 치르지 않고 어떻게 그걸 얻을 수 있나요?"

내 인생의 첫 직장은 제재소 잡역부였다. 그곳에서 거대한 증기 엔진이 기계를 가동하는 광경을 목격할 수 있었다. 대형 보일

러에서 뿜어대는 증기가 엔진을 돌렸다. 증기가 계속 엔진을 돌리도록 엔진 담당자는 화로 속에 끊임없이 땔감을 던져 넣었다. 불이 잦아들면 증기 역시 서서히 약해졌고, 불이 뜨겁게 달아오르면 증기도 힘차게 솟아올랐다. 그 광경을 지켜보던 나는 미숙하게나마 인과관계의 원리를 깨달을 수 있었다.

제재소 잡역부로 시작해서 사회적으로 인정받는 자리에 오르고 나니, 살면서 자신이 겪는 모든 일에는 이유가 있으며, 우연히 일어나는 일은 절대로 없다는 진리를 깨달았다. 모든 업무 성과는 자신이 얼마만큼의 노력을 쏟아 부었는지에 따라 결정되고, 자기 역할에 가장 충실했던 사람이 가장 큰 성과를 거두었다는 사실이다.

6. 열일곱 가지 성공법칙

나폴레온 힐 박사의 성공철학 연구는 오만이 아닌 겸손에 기반을 두고 있으며, 사람을 가르치려 드는 대신 자신의 지식을 다른 사람들과 공유하기를 원했다.

- 리치 위노그라드Rich Winograd

나폴레온 힐이 인도하는 성공의 길을 따라가다 보면 점쟁이의 예언이나 타로 카드를 해독하는 능력, 복잡한 물리학 지식과 같은 능력이 없더라도 자신의 미래를 예측할 수 있다. 열일곱 가지 성공법칙을 읽고 나서 얼마나 실천하고 있는지 확인해 보면, 자신의 현재 위치를 쉽게 파악할 수 있다. 성공법칙을 하루에 하나씩 실천한다면, 이 법칙들이 성공에 이르도록 디딤돌이 되어 준다. 열일곱 가지 성공법칙을 반복적으로 실천하자.

무일푼으로 시작해 미국의 50대 부자에 올랐던 W. 클레멘트 스톤은 반복적인 실천이 성공의 핵심이라고 강조했다. 반복적인 실천은 학습한 행동을 강화시켜 줄 뿐만 아니라, 행동을 잠재의식 속에 각인시켜 무의식적인 습관으로 바꿔 놓는다. 한 가지 행동을 뇌리에 박힐 만큼 반복하면, 뇌에서 그 행동을 습관으로 인지하여 의식하지 않아도 자연스럽게 행동하게 된다. 이처럼, 반복은 강력한 프로그래밍 장치다. 당신의 현재 모습과 위치는 습관으로 자리 잡은 사고와 행동으로 결정된다.

다음에 제시하는 나폴레온 힐의 열일곱 가지 성공법칙을 마음에 새기면서 소리 내어 읽어 보자.

1. 명확한 목표 설정
2. 성공을 꿈꾸는 사람들의 모임에 참여하기
3. 성공할 수 있다는 확고한 믿음의 실천
4. 남들보다 한 걸음 더 나아가기
5. 실패를 두려워하지 않는 유쾌한 성격
6. 자기 주도적인 마음가짐과 행동
7. 긍정적인 마음가짐
8. 열정
9. 자기 관리
10. 명료한 사고
11. 집중력 관리
12. 팀워크
13. 역경과 실패에서 교훈 얻기
14. 창의적인 비전
15. 건강관리
16. 시간 및 자산 관리
17. 믿음을 행동으로 옮기는 습관

앞에 제시한 성공법칙을 하나씩 떠올리며 아래 질문에 신중하게 답해 보자.

당신의 일상에서 이 법칙은 무엇을 의미하는가?
이 법칙을 일상에서 어떻게 적용할 것인가?
이 법칙을 언제부터 실천할 것인가? 정확한 날짜와 시간까지 결정한 후 기록하자.
이 법칙을 숙지하고 난 뒤, 이전과 달리 어떤 노력을 기울일 것인가?

위 질문들에 대한 답변을 계속 기록하자. 열일곱 가지 성공법칙을 일상에서 어떻게 실천할 것인지 적어 보자. 더 많이 적을수록 더 많이 성취한다.
당신이 기억해야 할 성공 공식은 다음과 같다.

성공 = 생각 + 감정이 이입된 실천

자신의 생각에 감정을 담아 행동으로 옮길 때, 성공의 사다리를 오를 수 있다.

자신의 미래
- 나폴레온 힐

자신의 미래가 궁금한가? 현명한 사람이면 누구라도 아래 질문에 대답함으로써 자신의 미래를 정확히 예측할 수 있다.

받은 급여보다 더 많이 일하는 습관을 실천하고 있는가?
자신을 성장시키기 위한 계획을 세우고 노력하는가?
다른 사람이 시키기 전에 알아서 일을 처리하는가?
원인과 결과의 '인과관계 법칙'을 이해하고 있는가?
기회가 오기만을 기다리는가, 스스로 개척하는가?

위의 다섯 가지 질문에 정확히 답해 보자. 그 답을 보면 당신의 삶이 어떤 변화를 맞이하게 될지를 내다볼 수 있다.

우리는 인류 역사상 가장 많은 기회가 주어진 시대에 살고 있다. 당신이 처한 상황이 어떠하든, 당신의 시작이 보잘것없고 초라하든, 당신은 상상할 수 없을 정도로 무궁무진한 가능성을 가지고 있다. 게다가 지금 시대는 당신의 상상력을 자극하고 열망을 일깨워 줄 촉진제들을 모두 제공해 준다.

내가 유능한 재판관처럼 '이렇게 해라, 저렇게 해라' 명령하려는 게 아니다. 다만 내가 연구한 성공철학에 영향을 받을 만한 사람들이 있다면, 그들에게 영감을 불어넣고 싶을 뿐이다. 그리고 자기 안에 감춰진 내면의 힘을 마음껏 사용하라고 조언하고 싶다. 그 힘은 당신을 성공의 정점으로 이끌어 줄 것이다.

7. 성공의 실체

우리는 인생을 살면서 기적 같은 기회를 만난다. 당신은 그 기회를 발견하고 붙잡아서 꿈을 이루는 사람인가? 아니면 기회를 놓치고 나서 자신의 삶이 달라질 수 있었다고 후회하는 사람인가?
- 돈 그린Don Green

나폴레온 힐의 성공철학을 학습하다 보면 '성공의 실체'가 무엇인지 궁금해질 것이다. 그리고 성공의 실체에 관해서는 사람들마다 모두 다른 생각을 갖고 있다. 누군가는 꿈을 꾸는 것처럼 손에 잡히지 않는 무언가에 대한 끝없는 갈망을 성공이라고 말한다. 어떤 이들은 평생 기억에 남을 휴가나 자녀의 성공, 연인과의 특별한 만남, 꿈에나 있을 법한 완벽한 집, 혹은 직장에서 능력을 인정받는 것을 성공이라고 생각할 수 있다. 이처럼 자신의 삶을 충족시켜 줄 수 있는 것이면 무엇이든 성공이라고 말할 수 있다.

나폴레온 힐의 조언에 따라 일상의 삶이 우리에게 주는 열두 가지 선물을 탐구해 보자. 힐 박사는 강연에서 이렇게 말했다.

"우리는 원하기만 하면 얼마든지 자신을 통제할 수 있는 주인이 될 수 있다. 이때 명심해야 할 점은 '삐뚤어진 마음을 다스리는 방법을 배우고, 그것을 실천하는 것'이다."

건강하고 행복한 삶을 살고 싶다면, 힐 박사가 조언하는 일상 속의 열두 가지 선물을 매일 되새겨 보자. 일상의 작은 변화를 통해서 삶이 주는 선물을 자신의 것으로 만들자. 아래 소개하는 글은 힐 박사가 강조했던 일상 속의 선물들을 생활에서 어떻게 적용할 수 있는지를 보여준다.

당신은 일상 속의 풍요로움을 어디서 찾을 수 있는가?

1. 긍정적인 마음가짐

매일 아침 눈을 뜰 때 자신에게 암시를 하라.

"나는 건강하다! 나는 행복하다! 나는 최고다!"

속으로 몇 번씩 따라하고, 큰 소리로 외쳐라. 그러고 나서 하루가 어떻게 변하는지 지켜보라. 시간이 필요할 수 있으니, 우선 30일 동안 실천해 보자.

2. 건강한 신체

매일 건강한 식품을 선택해서 식사하자. 지금 당장 먹는 음식부터 건강한 메뉴로 구성하자. 한 달 먹을 식단을 미리 짜 둘 필요는 없다. 자신의 건강은 자신이 돌봐야 한다. 매 끼니를 먹을 때마다 스스로를 '자신을 돌보는 관리인'이라 생각하면서 건강에 도움이 되는 최선의 선택을 하자.

3. 조화로운 인간관계
다른 사람 의견에 무조건 반대하기 보다는 그와 함께 답을 찾아보자. 다른 사람에게 적대적인 행동을 하지 않고 협력하는 태도를 취하면 인적 네트워크가 풍성해진다.

4. 두려움에서 벗어나기
사소한 두려움이 큰 공포로 변할 수 있다. 믿음은 두려움의 대척점에 있다는 사실을 기억해 두면, 겁을 먹거나 숨지 않고 믿음으로써 행동할 수 있다.

5. 목표를 달성할 수 있다는 희망
자신만의 꿈을 가슴 속 깊이 품자. 그런 다음, 그 꿈을 달성할 수 있다고 믿고 자기 자신에게 영감을 불어넣자.

6. 믿음을 담을 수 있는 역량
신념은 자신이 내리는 모든 결정의 중심 역할을 한다. 신념을 가지고 결정한 선택을 기꺼이 받아들이자. 그리하면 꿈의 날개를 펼칠 수 있다.

7. 자신의 축복을 나누려는 자세

다른 사람에게 호의를 베풀자. 호의를 받으려고만 하지 말고 베푸는 사람이 되는 행동에 초점을 맞추자.

8. 사랑의 실천

보상과 상관없이 자신이 사랑하는 일을 하자.

9. 열린 마음으로 바라보는 자세

참석이 꺼려지는 모임에 초대를 받더라도 기꺼이 응하자.

10. 자기 관리

조금 더 일하고, 조금 더 노력하며, 미루어 두었던 일을 처리함으로써 자신을 통제할 수 있는 존재는 오직 자신뿐임을 증명해 보자.

11. 다른 사람을 이해하는 능력

다양한 사람들과 즐겁게 어울리는 방법을 배우고, 배타적인 태도를 버리고, 포용하는 사람이 되자.

12. 경제적 안정

목돈 마련을 위한 적금은 장기적인 게임이라고 생각하자. 훗날 스스로가 대견해지는 날이 있을 것이다. 달력에 적금 만기일과 목표 금액을 적어 두자. 적금은 자신의 욕망을 거부하는 행동이 아니라, 특별한 날을 정해 자신에게 보상을 주는 선물이다.

매일매일 잊지 말고 일상 속에 숨어 있는 선물들을 찾아보자. 이런 행동이 습관이 되면 풍요로운 삶이 눈앞에 펼쳐진다.

실패를 성공의 디딤돌로 바꾸기
- 나폴레온 힐

실패를 극복하고 장애물을 뛰어넘을 때마다 깨닫게 되는 지혜와 통제력으로 더 큰 목표를 달성해 본 경험이 있는가?

이 세상에 실패를 좋아하는 사람은 없다. 다만 실패했을 때 얻게 된 교훈을 체계적으로 정리하여 인생의 길잡이로 삼는 마음 자세가 중요하다. 그 경험은 디딤돌이 되어 목표를 향해 앞으로 나아가도록 도와준다.

실패의 경험은 사람을 무정하고 비관적으로 바꿔 놓기도 하는데, 이와 같은 부정적인 태도는 자신의 재능을 갉아먹는다. 자신에게 찾아온 실패를 피할 수 없는 인생의 경험으로 여기고 그 경험을 방패로 삼아라. 실패에서 얻어진 교훈은 어떤 공격에도 당신을 보호해 줄 든든한 방어막이 되어 준다.

부단한 노력을 통해 많은 것을 성취한 성공한 사람들의 경험에서 유익함을 배우지 못하면, 성공에만 집착하는 자만의 덫에 빠지게 된다. 하지만 큰 성취를 이룬 위대한 사람들은 성공이 손에 잡히기 시작할 때부터 성공에 집착할 필요가 없다는 교훈을

얻는다고 한다. 성공에 집착하는 사람은 성공이 눈앞에 보이는
순간, 노력을 소홀히 하고 자신의 행동을 돌아보지 않게 된다.

8. 장벽 허물기

우리는 독립된 국가의 시민이기도 하지만, 공존을 위해 서로 협력해
야 하는 세계의 시민이다.

- 유리엘 마티네즈Uriel Martinez

'에메랄드 섬'이라 불리는 아일랜드는 본토를 아름답
게 수놓은 돌담으로 유명하다. 이 돌담 덕분에 공중에서 아일랜
드를 내려다보면 마치 잘 짜인 퀼트 조각보처럼 보인다. 돌담은
시멘트를 쓰지 않고 축조되었지만 워낙 정교하게 쌓은 까닭에
수백 년이 지난 지금까지도 건재하다.

좁은 도로를 따라 운전할 때면 차창 밖으로 손을 뻗어 돌담을
만져 볼 수 있다. 아일랜드의 돌담은 전통적으로 다양한 역할을
해 왔기에 주민과 관광객들 모두에게 사랑을 받고 있다. 그런데
아일랜드의 돌담은 공간을 나누지만, 사람들을 단절시키지 않는
다. 구역을 나눌 뿐, 사람과 사람 간의 교류를 가로막지 않는다.

아일랜드의 돌담과 같은 역할을 하지 않는 장벽은 우리를 가
로막는 장애물이고, 허물어야 할 대상이다. 그런 장벽들은 실제
로 존재할 수도 있고, 상상 속에서만 존재할 수도 있다. 그리고

사람들은 그 장벽으로 자신만의 영역을 표시하고는 다른 사람을 배척하는 데 사용한다. 지구촌 시대에 그런 장벽은 아무런 도움이 되지 않는다. '다양성'은 현대 사회를 구성하는 가장 소중한 자산이며, 개인의 성장에 반드시 필요한 도구다. 자신의 세계를 둘러싼 장벽을 허물고 더 넓은 세계와 교류할 때, 세상은 넓어지고 새로운 사람, 새로운 지식을 포용할 수 있다.

나폴레온 힐은 끊임없는 노력을 통해 현실과 상상 속의 벽을 허물라고 조언한다. 우리를 둘러싼 장벽이 누군가에게는 극복할 수 없는 장애물일지 몰라도 다른 어떤 사람에게는 아주 작은 것일 수 있다. 혹은 누군가에게는 장벽을 허무는 일이 사회적 책임과 의무를 다하는 것일 수 있다.

지금까지 살아오면서 어떤 벽을 쌓아 왔는지 자신에게 물어보라. 왜 자신을 벽 안에 가두려 하는가? 자신이 세워 둔 장벽 때문에 크고 작은 문제들을 해결하지 못하고, 자신에게 찾아온 성장의 기회마저 차단하고 있는 것은 아닐까? 그렇다면 왜 그 벽을 허물지 못하는가? 끈기를 가지고 벽을 허물어 버리자! 스스로 세워 둔 장벽 속에 자신을 가두지 말고, 자신을 둘러싼 장벽들을 무너뜨리겠다고 결심하라.

우리의 삶도 아일랜드의 돌담처럼 미적 감각을 고무시키고, 소속감을 느끼게 하는 벽들 덕분에 풍요로워진다. 반면, 다른 사람을 배제하고 서로를 구별하기 위해 세워 둔 장벽은 경계만 공고히 할 뿐이다.

당신은 자신의 정신적 토대 위에 어떤 장벽을 세우려고 하는가?

당신 스스로 세운 장벽을 해체하려면, 지금 당장 무엇부터 시작해야 하는가?

성공을 가로막는 벽

- 나폴레온 힐

당신과 성공 사이를 가로막고 있는 장벽을 보지 못한다면, 당신은 유별난 사람이다.

나는 요즘 에이브러햄 링컨, 소크라테스, 플라톤, 나폴레옹처럼 위대한 업적을 남긴 사람들을 연구하고 있다. 그들 모두가 목표를 성취하는 과정에서 수많은 장벽에 부딪혔다는 사실은 나에게 큰 격려가 되었다.

위대한 업적을 이룬 사람들에 비하면 나는 평범하기 그지없는 사람이지만, 커리어를 쌓는 동안 수없이 많은 장벽들과 마주했다. 그럴 때마다 장벽 앞으로 나아가 어떤 장벽인지를 확인했다. 만약 뛰어넘을 수 없는 벽이라면 사다리를 타고 넘어갔고, 장벽 꼭대기에 창살이 꽂혀 있을 때는 사다리를 포기하고 벽을 피해서 돌아가는 길을 선택했다. 그 벽이 어디선가는 끝날 것이라고 믿었기 때문이다. 오른쪽으로 걷다가 길이 막히면 반대 방향에 통로가 있기를 기도하며 왼쪽으로 걸었다. 양쪽 모두 막혀 있으면 벽 아래로 굴을 팠다. 나를 막아선 그 벽이 성공에 이르는 길을 가로막고 있기에, 나는 어떻게든 벽을 넘어가야만 했다.

혹시라도 그 벽이 단단한 암석 위에 세워져 있어 구멍을 뚫을 수조차 없을 때는 최후의 수단으로 강력한 다이너마이트를 이용해 벽을 통째로 날려 버렸다. 내가 사용한 다이너마이트는 다른 이름으로도 불린다. 그것은 바로 성공에 이르는 마법의 사다리, 열두 번째 계단인 '끈기'다.

9. 가능성의 씨앗

끝도 없이 영원할 것만 같던 절망감도 일시적인 고난에 불과했고, 더 나은 삶으로 나를 이끌었다. 지금에 이르러 그때를 되돌아보면 웃음이 나온다.

- *짐 로르바흐Jim Rohrbach*

실수를 통해서 얻은 깨달음은 성공을 가로막는 장애물을 넘을 때마다 큰 힘이 된다. 물론 자신의 실수에서 교훈을 깨우치는 일이 인생에서 가장 어려운 일일 수 있다. 하지만 얻기 힘든 만큼 오랜 시간 동안 도움이 된다. 역경에 처할 때마다 고난 속에 감춰져 있는 깨달음의 씨앗을 발견하려고 노력하면, 상황의 어려움에서 조금씩 벗어날 수 있다. 물론 말처럼 쉽지 않지만, 역경을 헤쳐 나가기 위해 실천할 수 있는 가장 유익한 대처법이다.

앞으로 소개할 내용에서는 나폴레온 힐이 자신에게 다가온 인생의 어려움들을 어떻게 바라보았고, 성공으로 가는 길에서 방향을 잃지 않으려고 어떤 태도를 취했는지 살펴볼 것이다. 역경에 직면했을 때 바닥으로 주저앉는 대신, 성공에 이르는 사다리를 계속 오르려면 힐 박사의 발자취를 따르면 된다. 과거의 경험에서 교훈을 얻는 자세는 힐 박사의 성공철학에 반복적으로 등장하는 핵심 주제다. 흔히 '실패'라고 부르는 과거의 실수에서 깨달음을 얻지 못하면, 조물주가 당신 안에 심어 놓은 씨앗이 어떤 가능성을 품고 있는지 영원히 알지 못한다.

가능성의 씨앗을 잉태하는 순간부터 씨앗을 어떻게 활용할지를 결정하는 것은 전적으로 자신의 몫이다. 우리에게는 무한지성의 힘으로 자유 의지가 주어졌고, 자유 의지를 사용한 결과 역시도 우리의 책임 하에 있다. '사람은 생각한 대로 거둔다.' 매사를 부정적인 측면보다는 긍정적으로 생각하고 행동하는 데 초점을 맞추면, 자기 앞에 놓인 고난은 전화위복의 기회가 될 수 있다.

오늘 잠시 짬을 내어 성장의 씨앗이 될 고난에 대해 생각해 보자. 그 씨앗은 성장과 발전의 가능성을 품고 있다. 매년 들꽃이 피는 때가 되면 '봄은 온다!'고 사람들이 말하듯, 당신에게 다가온 고난 속에도 가능성의 씨앗이 싹트고 성장할 것이다.

삶의 무지개다리

- 나폴레온 힐

나는 '삶의 무지개다리'를 탐색하는 과정에서 매우 구체적이고 명백하게 신의 목소리를 들을 수 있었다. 그 목소리는 내가 더 이상 귀 기울일 필요도 없을 만큼 완전하고 충분했다. 우주 만물을 관장하는 보이지 않는 손의 정확한 본질을 탐구하는 동안, 내 마음은 혼란스러웠다. 나는 '삶'이라는 무지개다리를 건너는 동안 인생의 전환점을 일곱 번이나 맞이했지만, 결국 만족할 만한 결과를 이끌어 낼 수 있었다. 그것이 옳은지 아닌지는 중요하지 않다. 정말로 중요한 것은 내가 얻은 결과에 만족한다는 점이다.

내가 배운 것들 중에는 중요한 교훈들이 있다. 우리가 적이라고 여기던 사람들이 사실은 우리의 동료였다는 점이다. 나에게 일어났던 일들을 생각해 볼 때, 과거로 다시 돌아간다거나 지나간 경험을 되돌리고 싶은 마음은 없다. 과거의 경험들은 성공으로 이끄는 황금률의 확실하고 긍정적인 증거들이었고, 경험에서 교훈을 얻지 못하면 대가를 치러야 했고, 올바른 행동을 하면 확실한 보상이 주어졌다. 나는 그런 보상의 법칙을 체험하면서 깨달을 수 있었다.

자신의 행동에 대해서 보상을 받거나 대가를 치르는 시기가 조금은 다를 수 있다. 하지만 진실하고 정의롭게 생각하고 행동하는 사람들에게 시간은 친구가 되어 주고, 그렇지 않은 사람들에게는 스스로를 옭아매는 적이 된다.

나는 정의롭지 못한 행동을 하거나 나를 좌절시키려고 하던 사람들이 하나 둘 실패의 나락으로 떨어지는 모습을 지켜보았다. 돌이켜보면 그들은 나를 해롭게 하지도 못했을 뿐 아니라, 자신들이 저지른 부정의 대가로 인생을 완전히 망쳐 버렸다. 나를 힘들게 했던 은행장은 사업에서 실패한 뒤 빈털터리가 되어 빈곤의 나락으로 떨어졌다. 내가 보유하고 있던 회사의 지분을 탈취하고, 내 평판을 깎아내리던 사람들도 결국은 교도소에 수감되어 영원히 추락했다.

나는 거액의 연봉을 받지 못한 적도 있다. 그 사람은 내 도움으로 풍요로운 삶을 영위할 정도로 큰돈을 벌었지만, 탐욕으로 인해 지금은 빈곤에 허덕이고 있다. 나는 그럼에도 불구하고 가시밭길을 건너 성공으로 향하는 무지개다리의 끝에 도달할 수 있었다. 그리고 의문의 여지가 없는 황금률의 철학을 뒷받침하는 증거를 발견할 수 있었다. 나는 지금, 그것을 더 많은 사람들에게 알리려 하고 있다.

나는 의심과 망설임으로 방향을 잃고 헤맬 때, 나를 인도하는 종소리에 귀를 기울여야 한다는 교훈을 얻을 수 있었다. 그 종소리는 내가 어디로 가야 할지 몰라서 방황할 때마다 나침반이 되어 늘 옳은 방향으로 이끌어 주었다. 그리고 앞으로도 그럴 것이다.

　마지막으로 서재 벽에 걸어 둔 위대한 사람들의 사진을 바라본다. 위대한 대통령 에이브러햄 링컨의 사진이 눈에 들어온다. 수심이 가득해 보이지만 강인함이 묻어나는 링컨의 얼굴을 가만히 보고 있으려니, 옅은 미소와 함께 '모든 사람에게 관용을 베풀고, 어느 누구에게도 적의를 보이지 말라'던 그의 명언이 들려오는 것만 같다. 동시에 알 수 없는 종소리가 다시 한 번 울린다. 이 글을 마치는 지금 이 순간, 가슴 속 깊은 곳에 울림을 준 링컨 대통령의 또 다른 명언이 떠오른다.

　'신은 모든 실패의 그림자 뒤에 서 있다.'

10. 천릿길도 한 걸음부터

'믿음의 적용'은 국경도 뛰어넘을 만큼 보편적인 성공법칙이다.
- *기요타카 하라이Kiyotaka Harai*

우리는 너무 감격스럽거나 충격적인 일을 당하면 할 말을 잃고 만다. 그럴 때, 어떻게 반응하는 게 좋을지 생각해 본다. 하지만 그 어떤 말로도 충격과 놀라움을 수습할 수 없는 상태에 빠지고 만다. 결국 '아무 것도 하지 않는 것' 외에는 선택의 여지가 없는 상황이 된다.

충격과 슬픔에 잔뜩 움츠러들어 있을 때는 행동하는 것만이 치유를 가져오는 유일한 방법이다. 행동하지 않으면 달라지는 것도 없다. 행동하지 않는 믿음은 죽은 것이나 다름없다. 치유 없는 희망은 지금 당장 생길 수도 없고, 현실화 되지도 않는다.

최근 전 세계에서 일어난 각종 사건들로 인해 사람들이 힘겨워하고 있다. 사건의 영향력이 워낙 크다 보니, 특정인의 노력만으로는 세상을 변화시킬 수 없다고 생각하기에 이른 것이다. 하지만 사람들이 계속 그렇게 생각하기 시작하면 상황은 악화되기만 할 뿐이다. 나는 어둠을 저주하기보다는 희망의 촛불을 밝히는 편이 더 낫다고 생각한다.

예를 들어, 쓰레기로 뒤덮인 거리를 보고 행정기관을 탓할 게 아니라 스스로 쓰레기를 치워 보는 건 어떨까? 아무리 적은 금액이라도 어려운 사람을 돕겠다는 마음으로 자선단체에 기부해 보는 건 어떨까? 불가능한 일이라고 한탄하기 보다는 긍정적인 결과를 만들어 내겠다는 마음으로 힘을 써 보자.

그러고 나서 인과관계의 법칙에 따라 자신의 행동이 어떤 변화를 이끌어 내는지 살펴보자. 주변 사람들이 당신의 행동을 따라 하기 시작할 것이며, 그런 하나하나의 행동이 모여 큰 변화를 일으키게 된다. 처음부터 멀리 뛰기는 힘들다. 천릿길도 한 걸음부터 시작하자. 상처를 치유할 수 있는 행동을 하나씩 실천하다 보면 눈에 띄는 변화가 찾아온다.

무엇이든 긍정적인 결과를 만들어 낼 수 있는 행동 한 가지를 실천해 보자. 생각에 머물지 않고 직접 실천하는 것이 중요하다. 자신을 둘러싼 환경을 변화시키기 위해 지금 당장 실천할 수 있는 가장 작은 행동이 무엇인지 생각해 보자. 그에 대한 답이 떠오르면 곧바로 행동으로 옮기자. 생각을 행동으로 옮기는 것이야말로 문제를 해결하고, 상처를 치유하는 최선의 과정이다.

당신의 긍정적인 행동 하나가 더 나은 미래의 불씨가 되어 타오른다. 지금 이대로 가만히 멈춰 서 있으면 어떤 변화도 일으킬 수 없다. 생각만 하지 말고, 지금 즉시 행동으로 옮기자.

11. 타인에 대한 존중

사람은 누구나 단점을 가지고 있다. 그렇지만 단점을 개선하면 자신뿐만 아니라 주변 사람들에게 긍정적으로 작용한다. 자신을 변화시키는 건 쉬운 일이 아니다. 하지만 변하려고 노력하지 않는다면 더 큰 고통으로 대가를 치르게 된다.

- 로빈 버드 파웰Robin Byrd Powell

만우절에는 사람을 속이고 넋이 나간 바보처럼 만드는 해프닝이 일어나는데, 그런 일에 과연 어떤 의미가 있는지 되짚어 볼 필요가 있다. 다른 사람을 악의적인 농담의 희생자로 만드는 건 문제가 있다. 입장을 바꿔 생각해 보면, 사람들 앞에서 웃음거리가 되는 상황은 누구라도 불쾌한 일이다. 쾌활한 성격과 심술궂음은 성질이 전혀 다르다.

그렇다면 다른 사람에게 무례하게 굴다 선을 넘게 되었을 때, 그것을 어떻게 알아차릴 수 있을까? 가장 쉬운 방법은 입장을 바꿔서 생각해 보는 것이다. 가벼운 농담이나 장난은 유쾌한 웃음을 자아낼 수 있다. 하지만 악의적인 농담은 자신을 돋보이려고 다른 사람에게 상처를 줄 수 있다는 점이다. 누군가에게는 즐거울지 모르는 '농담'이라도 어떤 사람에게는 잔혹한 '비수'가 되어 상처를 줄 수 있다.

그런데 일정한 선을 넘지 않는 농담은 또 다른 농담을 불러와서 분위기를 좋게 만들기도 한다. 또한 농담을 통해서 서로 즐겁게 웃는 행동은 주변으로 점차 점염되어 간다. 특히 어린 소녀들 사이에서 웃음은 쉽게 옮기는 경향이 있으며, 교회나 장례식처럼 엄숙한 장소일수록 더 쉽게 번진다. 이런 웃음은 침울하게 가라앉은 분위기를 밝게 만들기도 한다. 이렇듯 웃음은 슬픔에 빠진 사람을 다시 정상적인 감정의 영역으로 되돌아오게 한다.

유머는 우울한 영혼을 유쾌하게 만들어 주는 한편, 무력감이나 떨어진 자존감을 회복하는 데도 도움을 준다. 예상치 못했던 순간에 상대방이 얼마나 가치 있는 존재인지 칭찬해 주고, 웃음을 선사할 수 있다면 어떨까? 다른 사람의 가치를 알아주고 존중한다면, 자신에게도 좋은 일이 일어난다.

다음 만우절에는 사람을 창피하게 만들거나 당황스럽게 하는 농담 대신, 다른 사람의 장점을 칭찬해 주면서 웃을 수 있는 농담을 건네자. 다른 사람의 영혼을 위로해 주는 말 한 마디로 평생을 함께 갈 수 있는 우정이 시작될 수 있다.

인정받고 싶어 하는 마음

- 나폴레온 힐

　보통사람들은 인간으로서의 가치를 인정받을 때 가장 큰 행복감을 느낀다. 누군가에게 감사함을 알리고 싶다면 돈이나 명예, 물질적인 것보다는 그 사람에게 존중의 마음을 담아 감사를 표시하는 것이 가장 큰 보상이다.

　인간은 숙명적으로 고독한 존재다. 조물주는 늘 우리 곁에 존재하지만, 인간은 홀로 태어나 홀로 죽는다. 노력을 통해 생명을 연장할 수는 있지만, 어느 누구도 다른 사람을 대신해 죽을 수는 없다.

　우리는 세상에 태어난 이상 신의 절대적인 뜻에 따라 죽음을 맞이한다. 이처럼 인간은 자신의 숙명을 잠재적으로 인지하고 있기에 고독하고, 또 인정받기 위해 끊임없이 노력한다.

　수 세기 전의 철학자와 성직자들이 깨달았던 것처럼, 현대의 심리학자나 정신의학자들 역시 인간의 기본적인 욕구는 이성이나 안정이 아니라, 인간 그 자체로 인정받고 싶어 한다고 강조한다.

　인생은 다른 사람을 험담하며 시간을 허비해도 될 만큼 길지 않다. 다른 사람을 칭찬하는 데 사용한 시간은 자신에게 이익이 되어 돌아온다. 가는 말이 고와야 오는 말이 곱다는 말이 있는 것처럼 말이다.

그렇다고 다른 사람의 눈치를 보면서 아부나 하며 살라는 건 아니다. 부정한 행위를 보고도 눈감아 준다거나 부하직원의 서투른 일처리를 못 본 체 해서도 안 된다.

만약 다른 사람에게 비판적인 의견을 제시해야 한다면, 그 사람에게 도움이 되는 건설적인 조언을 할 수 있어야 한다. 조언을 할 때도 어떻게 하면 그 사람이 이전보다 더 좋은 사람, 더 나은 직원이 될 수 있는가에 초점을 맞춰야 한다. 더불어 그 사람의 단점뿐만 아니라 장점도 기꺼이 말해 주면서 그가 얼마나 훌륭한 자질을 갖춘 사람인지 인정해 주는 것도 잊지 말아야 한다.

다른 사람에게 인정받고 싶은 욕구로부터 자유로운 인간은 없다. 당신의 상사도, 부하직원도 모두 인정받고 싶어 한다. 당신이 근무하는 조직의 리더는 지금 이 순간 당신이 상상하는 것보다 훨씬 더 지치고 외롭고 낙담해 있을 수 있다. 당신이 인정받고 싶은 만큼, 그 역시 아랫사람에게 인정받고 싶어 한다. 당신의 진심을 담아 감사의 한 마디를 건넨다면, 그는 진정으로 고마워할 것이다.

한 가지 조언을 하자면, 상대방이 "괜찮으니까 내 문제가 무엇인지 말해 줘. 너의 솔직한 의견을 듣고 싶어."라고 말할 때 조심해야 한다. 다른 사람의 비판을 기꺼운 마음으로 수용할 수 있을 만큼 자존감이 강한 사람은 드물다. 그 사람의 말을 뒤집어 생각하면, 결국은 인정받고 싶다는 일종의 신호일 뿐이다. 범죄자에게 가해지는 가장 혹독한 벌은 교도소의 엄격한 제한이나 통제가 아니다. 다른 죄수들과 똑같이 죄수복을 입히고, 이름 대신에 번호를 부여하고, 고의적으로 의견을 묵살하는 식으로 그 사람만의 개성을 완전히 지우는 것이다.

같은 이유로 군대 지휘관은 부대원 개인의 자아를 보호하려고 노력한다. 군기를 바로잡고 부대 내의 획일성을 유지하는 것이 지휘관의 중요한 역할이지만, 부대원의 개성과 용기를 잃게 만드는 명령이 얼마나 위험한지 잘 알고 있기 때문이다. 그래서 훌륭한 지휘관은 부대원 모두가 개인으로서 존중받을 수 있도록 몸소 보여준다.

당신이 리더로 성장하려는 꿈을 가지고 있다면, 훌륭한 지휘관의 자세를 참고하라. 당신의 인생 여정에 큰 도움이 될 것이다.

12. 두려워하지 않기

'믿음', '자기 발전', '번영'은 신성한 단어이므로 금전적 이득을 취하는 데 쓰어서는 안 된다. 내 신념은 간단하고 명료하다. 우리는 신의 형상을 따라 만들어졌고, 창조를 위해 태어났다. 그리고 창조는 번영을 의미한다.

- 리치 칼가드Rich Karlgaard

나는 우리가 인간의 경험을 하고 있는 '영적인 존재'라고 믿는다. 이것이 사실이라면(물론 나는 사실이라고 믿는다.) 보이지 않는 존재가 어깨에 손을 얹고 영적 메시지를 전할 때, 우리는 자세를 바로잡고 새겨들어야 한다. 영적 메시지를 접할 수 있는 경우는 흔하지 않기에, 메시지를 깨닫고 잠시 주춤할 수도 있다. 하지만 우리가 왜 이 세상에 태어났고, 어떤 삶을 살아야 하는지 늘 깨어 있어야 한다. 그러나 사람들은 소명을 잊은 채, 현재의 삶에서 차지하고 있는 미약한 위치에 안주해 편한 길을 가려고 한다.

나폴레온 힐은 성공철학을 영적인 관점에서 다루면서도 신념에 관해서는 종교를 초월한 태도를 보였다. 나는 힐 박사가 분명한 의도를 가지고 그런 태도를 취했다고 믿는다. 힐 박사는 종교와 상관없이 모든 사람이 따라할 수 있는 성공철학을 정립하기 위해 20여 년을 연구했다. 그가 정립한 열일곱 가지 성공법칙은 종교적 가치와 신념을 기반에 두고 있지만, 성공철학을 전개하는 과정에서 편협한 관점을 보이지 않았다. 배타적인 태도를 취하기보다는 오히려 자신의 성공철학을 전 세계 사람들과 공유하려고 했다.

힐 박사는 자신의 종교적 신념을 공개적으로 드러내지 않음으로써, 사람들이 자신의 세계로 들어올 수 있도록 기회의 문을 활짝 열어 두었다. 그가 '인과관계'라는 우주의 법칙을 설명할 때 사용하는 '무한지성'과 '우주의 힘' 또한 다양한 종교철학을 아우르는 의미라고 볼 수 있다.

우리는 인류 공동체의 일원으로서 모두가 동등한 존재이기 때문에, 특정 기준에 따라 분류될 수 없다. 인간은 이 땅에서 태어나 나이가 들고, 때가 되면 죽음을 맞는다는 점에서 모두가 평등하다. 모든 사람은 동일한 생애 주기를 갖는다. 하지만 삶의 경험에서 얻는 것은 개인의 의지에 따라 달라지며, 좋든 싫든 삶의 형태도 그 의지에 따라 달라진다.

힐 박사는 기존의 사고를 뛰어넘기 위해 필사적으로 노력했다. 대상이 히틀러나 악마라 할지라도 그가 논쟁의 대상으로 삼지 못할 인물은 없었다. 그는 이런 '대화'를 통해 실패의 원인이 폭주하면 사회악이 될 수 있다고 생각했고, 그것의 해결책으로 성공철학을 제안했다. 성공철학은 가르침을 따르려는 사람들에게 늘 승리를 안겨준다.

공포심

- 나폴레온 힐

공포는 성공을 가로막는 가장 큰 장애물이다. 사람들은 자신에 대한 지배권을 너무나 쉽게 공포에 넘겨주고, 그 공포가 자신의 결정과 행동을 통제하도록 방치한다.

또한 사람들은 공포에 대한 두려움으로 인해 '안정'이라는 두루뭉술한 상투어로 자신을 보호하려고 한다. 하지만 진정으로 성공한 사람들은 안정적인 길만을 추구하지 않았으며, 창의적이고 생산적인 방향으로 사고한다. 아이젠하워 미국 대통령은 이렇게 말했다.

"당신이 원하는 것이 안정적인 삶이라면 교도소 독방에서도 그런 삶은 충분히 누릴 수 있다."

성공한 사람들은 체계적이고 논리적으로 사고할 뿐만 아니라, 목표를 달성하기 위해 감수해야 할 위험이 있더라도 기꺼이 도전한다.

사람이라면 누구나 공포에 시달린다. 공포란 무엇인가? 공포는 위험을 감지하여 우리의 생명을 보호할 수 있도록 사전에 경고하는 감정의 장치다. 공포가 경고의 신호를 보내온다면, 무언가를 결정하고 행동하기 전에 자신이 처해 있는 상황을 면밀히 살펴봐야 한다.

이렇듯 공포를 유용하게 활용하되 공포가 당신을 지배하도록 내버려 두어서는 안 된다. 공포가 당신에게 위험 신호를 보낸다면, 그 신호를 참고하되 논리적인 결정을 내리는 과정에서 공포의 영향을 받지 않아야 한다.

프랭클린 루즈벨트 대통령은 이런 명언을 남겼다.

"우리가 두려워 할 대상은 오로지 공포 그것뿐이다."

이는 루즈벨트 대통령이 대공황 시기에 남긴 말이지만, 지금까지도 우리의 마음을 울린다.

당신에게 공포가 닥치면 어떻게 극복할 것인가? 그럴 때는 자신이 느끼는 공포를 직시하고, 자신에게 다음 질문을 던져 보라.

"나는 두렵다. 하지만 내가 진정으로 두려워하는 것은 무엇인가?"

이처럼 자신에게 물어봄으로써 당신은 현재의 상황을 논리적으로 바라볼 수 있다. 상황을 직시하고 정확하게 분석하려는 태도는 '공포'라는 감정의 장애물을 극복하는 첫걸음이다. 그리고 나서 자신이 직면하고 있는 문제를 다양한 측면에서 관찰한다. 다음 예시를 참고하자.

그 문제에 어떤 위험 요소가 감추어져 있는가?

그 위험은 감수할 만한 가치가 있는가?

나는 어떤 행동을 취할 것인가?

문제 해결 과정에서 발생할 수 있는 또 다른 문제는 무엇인가?

그 문제를 해결하는 데 필요한 자료를 가지고 있는가?

다른 사람들은 이와 유사한 상황에서 어떻게 행동했고, 그 결과는 어떠했는가?

위와 같은 관점으로 상황에 관해 면밀히 살펴보았다면, 즉시 행동으로 옮기자. 할 일을 미루게 되면, 결국 더 많은 의구심과 공포에 직면한다.

저명한 심리학자의 말에 따르면, 공포는 추측에서 비롯된다고 한다. 한밤중에 홀로 길을 걷던 여성이 갑자기 어디선가 낯선 소리가 들려온 것처럼 상상하면 금세 공포에 사로잡힌다. 소리의 정체를 알고 싶다면 잠시 걸음을 멈추고 귀를 기울이면 된다. 이처럼 걸음을 멈추고 소리의 정체를 파악하려는 시도만으로도 공포를 극복하기 위한 첫 걸음을 뗀 셈이다.

성공하고 싶다면 자신에게 다가온 공포를 다스리면서 목표를 향해 첫걸음을 내딛어야 한다.

13. 창의적인 시각으로 바라보기

창의적인 사람은 유연하게 사고하며, 사고의 영역에 한계가 없다. 또한 자신의 삶을 열정적으로 살아가며, 상상의 놀이터에서 자유분방하게 뛰어논다. 창의적인 사람의 가장 큰 특징은 자신의 삶을 긍정적인 자세로 살아간다는 점이다.

- 다니엘 요비쉬Daniel Yovich

어디를 가더라도 거리마다 전쟁을 암시하는 공격적인 광고물이나 도발과 대립의 구호가 넘쳐난다. 왜 이런 일이 벌어지고 있을까? 개인은 이런 상황을 어떻게 변화시킬 수 있을까?

어제 출근길에 부활의 계절이 다가오고 있음을 암시하는 봄의 신호를 열심히 찾아보았다. 출근길 곳곳에 봄과 함께 돌아온 울새나 망울이 터지고 있는 갯버들, 길어진 해, 푸른 잔디 등을 발견할 수 있었다. 봄의 전령사들은 자연의 순리에 따라 때가 되면 우리를 찾아온다.

그런데 어제는 자연뿐만 아니라 사람의 손에서 탄생한 봄의 아름다움도 발견할 수 있었다. 몇몇 집에서 심어 둔 노란 수선화가 거리를 아름답게 수놓고 있었다. 어떤 사람은 겨우내 쌓여 있던 쓰레기를 치우거나 집 앞을 청소하고 있었다. 낙엽은 포대에 담겨 쓰레기차가 치워 가길 기다리고 있었다. 주택 외부를 정돈

하고 있는 걸 보니, 집 안에서도 봄맞이 대청소를 하는 모양이었다. 이 광경을 보고 있다가 문득 이런 생각이 들었다.

'지나가는 행인이 즐길 수 있도록 화단에 제철 꽃을 심는다면 어떻게 달라질까?'

꽃은 우리 영혼에 위안을 주는 아름다움을 가지고 있다. 그러니 지나가던 사람이 걸음을 멈춘 채 화단의 꽃을 보고 다채로운 색상의 향연을 즐기는 사람도 있지 않겠는가? 그러다 보면 이웃 간에 더 멋진 화단을 꾸미기 위해 선의의 경쟁이 일어날지도 모른다. 그리고 이웃과 커피를 마시며 화단에 심을 씨앗을 서로 나눌 수도 있다.

화단을 가꾸는 아주 작은 노력으로 실천할 수 있는 놀라움과 아름다움을 상상해 보라! 삽 한 자루, 흙, 씨앗, 그리고 작은 노동만으로 해낼 수 있는 일이 이것 말고 무엇이 있겠는가? 봄이 돌아오면 한 번 시도해 보자. 그리하여 누군가가 일상의 소소한 행복을 느낄 수 있다면, 이 얼마나 가치 있는 일인가.

나는 고속도로를 이용해 출퇴근을 하는데, 고속도로 주변으로 연결된 도로에는 로드킬을 당한 동물의 사체가 길목마다 널려 있어 도로를 어지럽힌다. 고양이, 개, 노루, 너구리, 주머니쥐, 스컹크, 새, 들쥐, 심지어 거북이도 있다. 그토록 많은 사체를 보고 있노라면, 우리가 저지르기만 하고 제대로 뒷수습은 하지 않은 여러 가지 일들이 떠오른다.

출근길은 편도로 약 48킬로미터쯤 되는데, 어림잡아 30~40구의 동물 사체를 볼 때도 있다. 유쾌하지 않은 풍경이다. 왜 나서서 치우는 사람이 없을까? 마을 관리소에서 일정 금액을 받고 이 사체들을 처리해 줄 수는 없는 것일까? 이런 풍경이 사람들의 세계관을 퇴색시키고 있는 것은 아닐지 생각해 본다.

최소한 자신이 맡은 공간만이라도 아름답게 꾸미고 가꾸면, 세상이 좀 더 아름다워지지 않을까?

미국의 사상가 랄프 왈도 에머슨은 '지구는 꽃을 통해 웃는다.'라고 했고, 인도의 정치 지도자 간디는 '세상이 변하는 모습을 보고 싶다면 자신이 먼저 변하면 된다.'라고 했다. 우리는 누군가의 반면교사이자 학생이 될 수 있다. 땅을 파서 씨앗을 심는 데에는 창의력이 필요하지 않지만, 새로운 생명을 싹틔우는 데에는 조물주의 전지전능함이 필요하다.

스스로 봄과 아름다움의 전령사가 될 준비가 되었는가? 오늘의 희망을 심고 내일의 꽃을 피워 보자. 완벽한 세상이 아닌 더 나은 세상을 위해 지금 당장 긍정적인 행동을 실천하자.

창의적인 사람

- 나폴레온 힐

창의적인 사람은 다른 사람이 성공할 수 있도록 도와야 자신도 성공할 수 있으며, 다른 사람이 실패하면 자신의 성공에 도움이 되지 않는다는 사실을 잘 알고 있다.

창의적인 비전을 가진 사람은 일할 때 핑계를 대지 않고 결과로 말한다. 창의적인 사람도 실수를 하지만, 실수를 하더라도 다른 사람을 탓하지 않고 스스로 책임을 진다.

창의적인 사람은 무언가를 결정할 때 시간을 끌지 않으며, 잘못된 결정을 내렸을 때는 그 점을 깨닫고 즉시 바로 잡는다. 또한 상대방의 지위를 두려워하지 않으며, 양심과 마음의 평화를 이루고 있으므로 공정하고 정직하다.

이것이 창의적인 사람의 특징이다.

평범하게 들릴지 모르지만 올곧은 성품과 창의적인 비전을 가진 사람은 화려한 수사로 사람들을 현혹하지 않는다.

사람들은 뛰어난 성공을 거둔 사람에 대해 시기와 부러움의 눈으로 바라볼 뿐, 그들이 성공을 위해 치러야 했던 혹독한 대가를 생각하지 않는다. 그 대신 연줄이나 운, 부정한 방식으로 그 자리에 올랐을 것이라고 치부한다. 이런 태도는 자신에게 약점으로 작용한다. 개인의 성과, 권력, 명예, 풍요로움을 얻는 데에는 치러야 할 대가가 따른다. 창의적인 비전을 가진 사람은 자신이 이루고자 하는 일에 비용이 따르면 그것을 인정하고 기꺼이 대가를 지불한다.

창의적인 비전을 가진 사람은 자신이 가진 것을 다른 사람과 공유할 때, 자신 또한 다른 사람에게 존경을 받고 번영과 행복을 누릴 수 있다는 이치를 잘 알기에 기꺼이 자신의 축복과 경험과 기회를 공유하려 한다.

창의적인 사람은 자신과 유사한 비전을 가진 사람들의 지식을 공유하여 하나의 목표를 위해 협력하는 '마스터 마인드' 모임이 성공에 큰 도움이 된다는 걸 알고 있다. 경험을 공유하고 조언하는 창의적인 모임은 개인을 성공으로 이끄는 데 큰 힘이 된다.

14. 무엇이 나를 움직일까?

마음이 어수선할 때도 우리는 세워 둔 목표 때문에 단호하게 행동하며 나아갈 수 있다. 그것이 바로 존재의 힘이다.

- 샘 보이스Sam Boys

긍정적인 마음으로 삶을 살아가는 태도는 새로운 음식에 대한 미각을 기르는 것과 같다. 새로운 음식을 접했을 때, 처음에는 맛도 이상하고, 평소에 좋아하던 음식과 다르다고 느끼게 된다. 하지만 시간이 지날수록 다양한 음식을 접하면서 예전에는 싫어하던 음식도 찾아 먹게 된다. 마치 아기가 부드러운 유아식을 처음 접할 때처럼, 사과나 복숭아 즙 같은 낯선 음식을 거부하지만 자주 먹이다 보면 맛있게 먹게 된다.

우리들 역시 뭔가를 배울 때는 새로운 아이디어와 선택지 앞에 놓인 아기와 같다. 사람들은 종종 새로운 것을 해야 할 때, 시도하기도 전에 '이런 걸 왜 군이 해야 하는가?'라며 처음부터 거부한다. 하지만 시도해 보지도 않고 그것을 좋아할지 싫어할지 어떻게 판단할 수 있단 말인가?

사람은 나이가 들면 취향도 변한다. 한 번은 친구를 집으로 초

대해 그가 어릴 적에 좋아하던 샌드위치를 만들어 주려 했다. 그래서 친구가 좋아하는 식재료를 모두 사다 놓고 점심으로 샌드위치를 만들어 주겠다고 했더니, 친구가 내 제의를 거절하면서 이렇게 말했다.

"아냐, 됐어. 사양할게. 어렸을 때의 추억은 추억일 뿐이야."

기억은 우리가 특정 방식으로 행동하도록 동기를 부여하기도 하지만, 행동을 막기도 한다. 앞으로 일어날 어떤 일도 과거에 느낀 만족감을 제공할 수 없다고 판단되면, 우리는 마음의 문을 닫는다. 반면에 과거의 일은 과거대로의 가치를 인정하고 새로운 도전을 향해 나아갈 때, 과거와 새로운 미래, 두 가지 모두 누릴 수 있다.

무엇이 나를 움직일까?
새로운 것에 도전하는 계기는 무엇일까?
당신에게 일상의 만족감을 주는 것은 무엇인가?

이 질문에 대한 당신의 대답이 풍요로운 삶으로 나아가는데 필요한 요소들이다. 오늘부터라도 새로운 것들을 시도해 보자. 맛과 향이 진한 커피처럼, 인생 역시 제대로 우려내야 향기롭다. 전날 먹다 남은 음식으로 끼니를 때운다면, 식사 시간이 지루하고 밋밋하듯이 새로운 경험을 피한 채 일상을 반복하는 삶도 지루하고 무미건조할 수밖에 없다.

매일 한 가지씩 새로운 것에 도전해 보자. 그것은 새로운 음식이 될 수도 있고, 새로운 친구나 외국어를 배우는 공부가 될 수도 있다. 현재에 머물러 있지 않고 새로운 것에 도전하는 행동이야말로 진정한 삶의 목적이 아니겠는가. 바래고 낡은 삶 대신에 생기가 넘치는 활기찬 삶을 살아야 하지 않겠는가.

긍정 마인드의 속성

- 나폴레온 힐

관용의 정신을 길러 인종과 종교를 떠나 열린 마음으로 사람을 대하자. 당신이 원하는 대로 사람을 바꾸려 하지 말고, 있는 그대로 다른 사람을 사랑하는 법을 배우자.

나이 드는 게 두렵다는 생각이 들 때, 조물주는 우리를 사랑하기에 더 위대한 것을 주려고 다른 것을 거둬 간다는 진리를 떠올리자. 이렇게 심오한 신의 계획에 따라 젊음이 사라진 자리를 삶의 지혜가 메운다. 인류가 발전해 온 역사로 미루어 보면, 사람은 쉰 살을 훌쩍 넘어야 위대한 업적을 이룰 수 있다. 이러한 점을 염두에 둔다면, 삶의 지혜가 축적되어 가는 과정을 진정으로 즐길 수 있다.

화려한 말이 아닌 '행동'을 삶의 지표로 삼자.

15. 정확한 사고

부정적인 생각에 빠져서는 안 된다. 부정적인 생각은 사기 저하로 이어지고, 행동에 따른 성과 또한 낮아진다. 부정적인 생각은 부정적인 행동을 하도록 만들어 결국에는 실패하고 만다.
- 마이크 브룩스Mike Brooks

'관리인'은 정해진 급여를 받고 하찮은 일을 하는 사람을 칭하는 단어라고 생각할지 모른다. 단어의 의미로만 봐서는 그럴 수 있다. 하지만 단어를 잘 살펴보면 '관리인'이라는 단어는 우리와 깊이 관련되어 있다.

관리인은 가치 있는 대상을 지키고 돌보는 사람이다. 어느 누구도 가치 없는 대상을 지키기 위해 사람을 고용하지 않는다. 즉 보호해야 할 대상이 아이든, 믿음이든, 건물이든 함부로 다뤄져서는 안 될 소중한 대상을 지키는 사람이 관리인이다. 관리인이 된다는 건 큰 신뢰를 얻는 것이다. 관리인이 되면 맡겨진 대상을 자기 재산처럼 돌보고 지켜야 한다.

하지만 관리인이 맡겨진 대상을 자신의 소유물로 생각하기 시작하면 문제가 된다. 예를 들어 힐 박사의 성공철학을 접하고 크게 감명을 받은 누군가가 힐 박사의 연구를 자신의 아이디어라고 주장한다고 치자. 그러고는 힐 박사의 성공철학을 직접 전수 받은 제자쯤으로 착각하면서 강사나 트레이너라고 칭하며 권위 있는 사람이라도 된 것처럼 행동한다고 하자. 물론 위대한 업적 을 이루는데 도움을 주겠다는 의도에는 문제가 없지만, 진정한 리더라면 자기 이름에 대한 공신력을 가지고 있어야 한다. 많은 사람들이 '관리인'의 의미를 혼동하여 '사기꾼'처럼 행동하는 경 우가 있다.

나폴레온 힐은 다음과 같은 질문을 해 봄으로써 그의 주장이 사실인지 아닌지 확인할 수 있다고 했다.

"당신은 그 사실을 어떻게 알게 됐습니까?"

즉 그 사람이 주장하는 근거를 따져보고, 그가 어떻게 해서 지 금의 명성을 얻게 되었는지 파악할 수 있다.

당신이 정확하게 사고하려면 '조사원researcher'이 되어 상대방의 주장이 사실인지를 확인하려는 태도를 가져야 한다. 그 사람의 이력을 열람하여 당신이 배우고자 하는 분야의 교육이나 훈련을 받았는지 알아보라. 병을 치료해 줄 '의사'를 찾는다면, 자신을 의사라고 우기는 사람이 아니라 의사 자격증을 가진 사람이어야 한다. 당신이 몸담으려는 분야에 대해 연구하지 않은 사람의 조 언을 듣고 있을 필요가 없지 않은가.

먼저 자기 자신을 지키는 '관리인'이라는 생각을 가지고 진정 으로 되고 싶은 모습으로 변하는 데 필요한 정보를 획득하라. 그 러면 자신이 꿈꾸는 미래가 올바른 선택을 할 수 있도록 도울 것이다. 더 나은 자신으로 변해 가는 여정은 누구도 대신할 수 없는 홀로 걷는 길이다. 어디에 무엇이 있는지 알려 줄 사람은 있겠지만, 그는 메뉴판에 적힌 음식과 가격을 설명해 주는 역할을 할 뿐이다. 올바른 결정은 오롯이 당신의 몫이다.

당신이 꿈꾸는 미래의 목적지로 인도하는 안내자는 오로지 당신의 선택과 행동임을 기억하자. 당신의 재능, 그리고 자신의 소중한 재산을 지키는 '관리인'이 되어 주변의 유혹에 휘둘리지 말고 자신만의 길을 걸어가자. 자신만의 길을 꿋꿋하게 걸어갈 때, 목표에 도달할 수 있다.

자신에 대한 통제권을 가진 상태에서 검증된 사람의 조언을 듣고 그것을 수용하자. 인생은 선택의 연속이고, 훌륭한 선택을 하려면 그에 맞는 조언이 필요하다.

타인의 의견

- 나폴레온 힐

뛰어난 사상가를 제외한 대부분의 사람들은 너무 많은 의견을 가지고 있으며, 그런 의견들은 대부분 큰 가치가 없다. 게다가 편견이나 선입관, 무지, 편협, 추정 등에 기반을 둔 의견이 추진력을 만나면 위험하고 파괴적인 생각으로 돌변해 큰 화를 초래할 수 있다.

사실에 근거한 의견이 아니면 어떤 의견도 안전하다고 할 수 없다. 자신의 의견이 사실이나 합리적 가설에 기반을 두고 있다는 확신이 없으면 자신의 견해를 함부로 드러내서는 안 된다.

오지랖 넓은 사람들이 건네는 조언도 대개는 큰 도움이 되지 않는다. 정확한 사고를 하는 사람들은 주변 사람에게 조언을 들었을 때, 그 조언의 사실 여부를 면밀히 따져본 뒤에 행동으로 옮긴다. 또한 정확하게 사고하는 사람들은 다른 사람이 자신을 대신해서 생각하고 판단하도록 내버려 두지 않는다. 그들은 자신이 수집한 정보를 가지고 다른 사람과 의논을 하지만, 다른 사람의 의견을 수용할지 말지는 전적으로 자신이 결정한다.

한편, 사실에 근거해서 사고하는 사람들은 신문기사에서 읽은 내용을 기반으로 자신의 의견을 형성하지 않는다. 아무리 신문기사라고 해도 논리적이고 체계적인 사고 프로세스에 기반을 두고 작성한 기사인지 확신할 수 없기 때문이다. 그래서 사실에 근거해서 사고하는 사람들은 행여 누군가 '내가 신문에서 봤는데…'라고 운을 떼면, 그 의견이 사실에 근거한 것이 아닐 수도 있음을 간파하여 쉽게 휘둘리지 않는다.

16. 꿈을 펼치기

10여 년 전, 나는 더 많은 것을 배울 수 있을 거라는 희망을 품고 나폴레온 힐 재단의 자아성찰 프로그램에 참여했다. 더불어, 나보다 성공철학을 더 잘 이해하고 있는 사람들을 만나 성공철학이 다루는 주제들을 다양한 관점에서 바라볼 수 있기를 바랐다. 결과적으로 그 프로그램은 가치 있는 투자였다.

- 스콧 스팬바우어Scott Spanbauer

'행동'은 많은 성공 법칙들에서 핵심적으로 부족한 요소 중 하나다. 내가 알고 있는 노래 중에 '소원하고, 소망하고, 떠올리며 기도하라'는 가사가 있는데, 노랫말에서든 현실에서든 우물쭈물하는 태도로는 원하는 성과를 얻을 수 없다. 본인의 의지에 따른 행동은 강렬한 감정과 결합되어 욕망의 불꽃을 불타오르게 하며 실제로 행동하게 만든다. 단 한 번의 시도로는 작은 불꽃을 커다란 모닥불로 변화시킬 수 없다. 하지만 감정과 욕망에 불을 지필 연료가 있다면, 목표를 향한 욕망의 불꽃은 반드시 크게 타오른다.

긍정적인 결과를 얻고 싶다면, 자신이 원하는 바를 머릿속에 명확히 정리하고 나서 실행에 옮겨야 한다. 행복한 삶에 대해 상상만 하고 행동으로 옮기지 않는다면, 허상에 그치고 만다. 하지만 자신의 생각이 결실을 맺을 수 있도록 행동으로 옮긴다면, 머릿속에서만 존재하던 생각들이 비로소 생명력을 얻어 현실로 이루어지게 된다.

큰 희생이 따르거나 자신의 능력으로 도저히 이룰 수 없는 비현실적인 목표를 꿈꾸던 때를 떠올려 보라. 이룰 수 없는 꿈이라는 것을 이성적으로는 알고 있음에도, 당신의 가슴은 여전히 꿈이 이루어지기를 열망했을 것이다. 그래서 감정의 엔진에 불을 지피고, 간절히 원하는 것을 얻기 위해 뛰쳐나갔을 것이다. 욕구에 대한 감정이 강해질수록 목표에 다가가려는 노력도 그만큼 높아졌을 것이다.

자신의 꿈을 이루기 위해 지금 당장 행동으로 옮길 수 있는 것이 무엇인지 알기만 한다면, 이루지 못할 꿈은 없다. 우리는 살아가면서 많은 문제들을 만나곤 한다. 우리가 겪는 삶의 문제들을 피하려고만 해서는 안 된다. 자신을 한 단계 더 높은 곳으로 끌어올리고 싶다면, 그 문제들을 받아들이고 활용할 방법을 찾아야 한다.

꿈을 향해 첫걸음 떼기
- 나폴레온 힐

간절히 이루고 싶어 하는 뜨거운 욕망은 꿈꾸는 사람을 날아오르게 하는 출발점이다. 꿈은 무관심이나 게으름, 소극적인 자세에서는 생겨날 수 없다.

놀라운 업적을 이룬 사람들도 처음에는 별 볼일 없는 위치에서 출발했다. 그러나 많은 역경들을 이겨내고 비로소 바라던 위치에 도달할 수 있었다. 성공한 사람들은 대개 위기의 순간에 자신도 미처 모르고 있던 재능을 발견함으로써 인생의 전환점을 맞이한다.

17세기 영문학을 대표하는 작가이자 설교자였던 존 버니언 John Bunyan은 종교적 신념 때문에 감옥에 갇혀 있을 때, 문학사의 걸작 중 하나인 『천로역정The Pilgrim's Progress』을 집필했다.

『마지막 잎새』를 쓴 미국 소설가 오 헨리O Henry는 오하이오 주 교도소 독방에 수감되어 인생 최악의 시절을 보낼 때, 자신 안에 잠재된 천재성과 조우할 수 있었다. 그곳에서 자신도 몰랐던 '다른 자아'를 발견하고 상상력을 발휘하여 절망에 사로잡힌 범죄자가 아닌 위대한 작가로 탈바꿈할 수 있었다.

영국의 소설가 찰스 디킨스Charles Dickinson는 구두약에 라벨을 붙이던 노동자였다. 그는 첫 사랑에 실패하며 큰 상처를 받았는데, 이때의 경험을 토대로 세계적인 작가가 될 수 있었다. 찰스 디킨스는 『데이비드 카퍼필드David Copperfield』를 필두로 여러 작품을 발표하며 문학을 더욱 풍요롭고 아름답게 만들었다.

헬렌 켈러Helen Keller 역시 갓난아기일 때 시력과 청력을 잃고 말조차 제대로 할 수 없었다. 헬렌 켈러는 그런 혹독한 시련 속에서도 역사에 길이 남을 업적을 이루어 냄으로써 '패배를 현실로 인정하기 전까지는 인생에 패자는 없다'는 진리를 자신의 삶으로 증명해 보였다.

영국의 시인 로버트 번즈Robert Buns는 글도 읽을 줄 모르던 시골 촌뜨기였고, 빈곤 속에서 술에 절어 살았다. 하지만 그의 작품은 세상을 더욱 아름다운 곳으로 변모시켰다. 그가 인생에 대해 사색했던 많은 시간은 아름다운 시로 재탄생했고, 가시 없는 한 송이 장미로 세상에 남겨졌다.

베토벤은 귀가 들리지 않았고, 밀튼은 앞을 볼 수 없었다. 하지만 두 예술가는 자신의 꿈을 작품으로 승화시켜 역사에 길이 남았다.

무언가를 바라는 마음은 바라던 무언가를 얻은 결과와는 다르다. 꿈을 이룰 수 있다고 믿을 때, 비로소 바라던 결실을 맺을 수 있다. 꿈을 이루고 싶다면 단순히 바라는 것에 그치지 않고 믿음을 가지고 행동으로 옮겨야 한다. 미래에 대한 꿈과 희망은 마음의 문을 열어야만 내면으로 들어와 자리를 잡을 수 있다. 편협한 마음속에는 믿음이나 용기, 신념 따위가 깃들 수 없다.

절망이나 빈곤 앞에 좌절하지 말고 풍요로운 삶을 위해 더 큰 목표를 품고 한 걸음 한 걸음 나아가자.

17. 가치가 행동을 결정한다

*올바른 일을 행하는 것에 초점을 맞추면 원하는 것을 얻을 수 있다.
그러나 결과에만 집착하면 영원히 절망에 빠질 수 있다.*
- 짐 스토발*Jim Stovall*

목표를 달성하는 과정은 단순할 때도 있고 복잡할 때도 있다. 행운의 여신이 주는 선물처럼 뜻밖의 순간에 뜻밖의 방법으로 손에 들어오는 경우도 있지만, 평생에 걸쳐 천천히 나타나는 경우도 있다.

누군가는 호화로운 주택이나 고급 자동차, 혹은 최고급 명품처럼 물질적인 것을 바랄 수도 있다. 대개, 이런 물질적인 것들은 우리가 잠든 사이에 누군가가 현관에 몰래 두고 갈 수 있는 선물이 아니다. 대가를 치러야만 얻을 수 있는 것들이다.

하지만 세상에는 똑같은 값어치를 가졌지만 무료로 얻을 수 있는 선물들도 있다. 라일락의 향긋한 향기, 푸른 잔디의 싱그러움, 비가 내린 뒤의 청량한 공기, 아기 고양이의 부드러운 털, 개의 충성심, 솜털 베개의 푹신함, 추위에 떨다 들어왔을 때 방안의 온기 등이 그렇다. 이런 것들은 유지비도 들지 않고 가격표조차 붙어 있지 않은, 마음만 먹으면 누구나 누릴 수 있는 삶의 선물이다.

그렇다면 삶이 우리에게 건네는 선물 중에서 우리는 어떤 것을 선택해야 할까? 성공에 물질적인 가치들이 반드시 포함되어야 한다고 생각하면 명확한 목표를 설정하기가 어려워진다. 물질적으로 드러나는 성공이 반드시 내면의 정신적 만족을 의미하지는 않는다. 그것은 단지 껍데기에 불과하다. 풍요로운 삶을 누리려면 내면과 외면의 균형이 필요하다. 최후의 순간, 우리가 삶에서 얻은 것과 잃은 것을 헤아려 보면 대개는 가장 많은 대가를 치르고 필사적으로 얻으려 했던 것들이 가장 가치 없게 느껴진다.

당신에게 가장 가치 있는 것은 무엇인가?

새로 구입한 정장인가, 아니면 즐겨 입다 좋은 뜻으로 기증했던 정장인가? 냉장고에 잔뜩 쌓아 둔 식재료인가, 아니면 다른 사람과 나눴던 음식인가? 교훈을 얻는 일인가, 아니면 교훈을 전하는 일인가? 혹은 둘 다인가?

당신이 어떤 것에 가치를 두느냐에 따라 행동도 달라질 것이다. 우리는 행동하기 전에 무엇이 우리를 움직이는지를 알아야 한다. 선한 가치는 대부분 좋은 결실을 맺는다. 당신이 가치 있게 여기는 일이 가장 고결한 동기가 될 것이며, 그 동기가 당신을 움직일 것이다. 그리고 당신의 행동은 곧 습관이 된다.

가치 있는 일에서 시작해서 자신의 삶을 가장 높은 성공의 사다리 끝까지 이끌어라. 그러면 개인적으로나 관리자로서 성공에 이를 수 있다. 관리자의 역할은 자신과 다른 사람을 동등하게 돌보는 일이다. 당신이 다른 사람들에게 베푼 선의는 두 배로 돌아온다. 그때가 되면 나폴레온 힐이 '무언가를 얻고 싶으면 베풀어야 한다.'라는 말을 왜 강조했는지 알게 될 것이다.

다른 사람에게 베풀 때는 자신에게 필요 없는 잉여분이 아니라 자신이 아끼는 것, 손 안에 쥔 것을 나눠야 한다. 이렇게 실천한 나눔은 필요한 때에 새로운 자산이 되어 돌아온다.

목표에 이르는 과정

- 나폴레온 힐

동양의 속담 중에 '천릿길도 한 걸음부터'라는 말이 있다. 무언가를 시작했을 때부터 앞으로 벌어질 상황을 세세히 예측하기는 어렵다. 먼저 목표를 향해 한 걸음 내딛고, 현재 자신이 보유하고 있는 지식과 기술을 시험해 봐야 한다. 목표로 나아가는 과정에서 자신의 약점을 발견했다면, 이미 가지고 있는 능력을 강화할 수 있는 방법 역시 깨닫게 될 것이다. 완벽한 계획은 목표에 이르는 과정에 존재한다.

쉬운 일부터 차근차근 해결해 나가다 보면 더 어려운 과제를 해결할 수 있다. 만약 열차 기관사가 목적지까지 가는 철로에 놓인 모든 신호등이 초록색으로 바뀔 때만을 기다렸다면, 철로 위를 달리는 열차는 한 대도 없을 것이다. 열차 기관사는 모든 신호등이 초록색으로 바뀌기만을 기다리지 않는다. 그 대신, 기관사는 초록불이 하나, 둘 들어오는 것을 보면서 출발한다. 기차에 속도가 붙으면 앞에 보이는 다른 신호등이 초록색으로 바뀔 것이라는 믿음을 가지고 계속 달린다.

목표 설정에 관해 마지막으로 덧붙이고 싶은 말이 있다. 아마도 새로운 계획을 실행에 옮길 때는 모자란 부분이 많다는 기분을 느낄 것이다. 어떤 일에 착수하든 미리 챙겨 두면 좋았을 것들은 늘 존재한다. 따라서 일단 당장 손에 쥐고 있는 것만을 활용하여 지금 당장 시작하라. 앞으로 나아가면서 더 멋진 목표들을 발견하게 될 것이다.

18. 마음만은 부자

성공하지 못한 사람들은 자신은 부자가 될 수 없다는 잘못된 믿음을 가지고 있으며, 그러한 믿음을 근거로 온갖 변명과 핑계를 늘어놓는다.
- 빅 코넌트Vic Conant

부의 창조는 부유한 마음가짐을 갖는 것으로부터 시작된다. 힐 박사의 가르침을 확대해서 쓴 '열일곱 가지 성공법칙'을 활용함으로써, 우리는 성공에 필요한 도구 상자를 손에 넣을 수 있다. 자신의 소망을 크고 명확한 목표로 바꾼 뒤, 성공을 위한 도구 상자를 꺼내 먼지를 털어내고 그 안에 들어 있는 도구를 사용하라. 상상 속의 목표나 꿈은 실행의 토대가 마련되지 않은 것으로, 부의 실현이라 할 수 없다. 실행의 토대를 구축하는 데는 시간이 걸리며, 부자의 사고방식을 갖는 데도 시간이 걸린다.

자기계발 프로그램을 만드는 나이팅게일코넌트Nightingale-Conant사 회장 빅 코넌트는 나와 나폴레온 힐 재단의 좋은 친구이다. 언젠가 그와 함께 일본과 말레이시아로 출장을 간 적이 있었다. 출장 기간 내내 빅은 스스럼없이 친절한 미소와 말투로 조언을 필요로 하는 사람들에게 도움을 주었다.

과거에는 확고한 목표를 가지고 성공을 이루어 낸 사람들만이 도움의 손길과 따뜻한 위로, 진심어린 조언을 할 수 있었다. 하지만 요즘에는 소셜 미디어가 그것을 대체하고 있다. 이런 시대에 빅의 자세는 매우 놀랍다. 그는 도움을 필요로 하는 사람들 곁에서 어려움을 들어주고, 도움을 줄 수 있는 훌륭한 사람이다.

　　지난주에 나는 빅과 말레이시아의 나폴레온 힐 협회 설립자인 크리스티나 치아Christina Chia와 함께 시카고에서 점심을 먹게 되었다. 우리는 2007년 쿠알라룸푸르에서 있었던 빅의 프레젠테이션을 화제로 이야기를 나눴다. 거기서 빅은 강연자로서 자신의 성공담을 다른 강연자들과 함께 발표했다. 당시 발표자들은 자신의 성공에 대해 힐 박사의 영향이 컸다며 경의를 표했고, 그것을 다시 사람들에게 돌려주겠노라고 약속했다. 우리는 힐 박사의 '받고 싶으면 베풀라'는 성공철학에 대해 이야기를 나눴고, 또 얼마나 많은 사람들이 성공한 뒤에 '사회 환원'을 주저하는지에 대해서도 의견을 나눴다.

　　빅의 강연을 듣는 동안, 지혜와 시간을 나누려는 그의 태도에 따뜻한 애정과 존경을 느낄 수 있었다. 우리는 친구였고, 세상을 좀 더 나은 곳으로 만들고자 하는 공통의 관심사를 가지고 있었다. 지혜와 우정이라는 선물은 눈으로 볼 수는 없지만 포옹이나 악수, 말로는 표현할 수 없는 친밀감을 느낄 수 있었다.

　　당신이 마음이 부자인 사람이 되기를 원한다면, 당신이 존경하고 흉내 내고 싶은 사람은 그럴 만한 자격이 있다고 확신해도 된다. 부富는 도움이 필요한 사람들에게 나눠 주고 공유하지 않는 한, 아무런 가치가 없다. 다른 사람의 자산을 살펴볼 게 아니라, 행복한 사람에게 관심을 가져야 한다. 개인의 행복과 온정을 베푸는 마음은 인생에서 가장 중요한 두 가지 자산이다.

NAPOLEON HILL'S POWER OF POSITIVE ACTION 97

배움의 실천
- 나폴레온 힐

이 세상 그 누구도 공짜로 무언가를 얻을 수는 없다. 모두가 소유하고 싶어 하는 것에는 반드시 가치가 있기 마련이고, 그것을 얻기 위해서는 대가를 지불해야 한다. 개인의 성취에 관한 법칙도 수학 공식만큼이나 분명하다. 진정한 과학이 있다면, 성공철학의 열일곱 가지 원칙에서 말하는 개인의 성취를 위한 법칙일 것이다.

당신은 성공철학을 배워서 성공하려는 사람이다. 가장 고전적인 변명인 "나에게는 기회가 없었어!"와 같이 실패를 정당화하는 변명은 자신에게 의미가 없다. 이 시대에는 누구에게나 기회가 있고, 누구든지 성공한 사람들의 지식을 활용할 수 있는 특권을 누릴 수 있다.

당신은 주어진 기회를 어떻게 활용할 것인가?

성공을 이루어 내는 데는 엄청난 양의 지식이 필요하지 않다. 다만 당신이 이미 보유한 지식은 꾸준히 사용해야 한다.

당신은 시간을 어떻게 사용하고 있는가?

그 중 몇 시간을 어떻게 얼마나 낭비하고 있는가?

당신은 시간 낭비를 막기 위해 무엇을 하고 있는가?

위의 질문들은 가장 진지하게 관심을 쏟아야 할 문제들이다. 생각이 아니라 습관이 지금의 당신을 만들었기에, 성공하기 위해서는 가장 먼저 자신에 대해 잘 알아야 한다. 자신에 대해 좀 더 면밀하게 점검해 보자. 그리고 시간을 어디에 어떻게 사용하고 있는지 알아보자.

19. 다음에는 무엇을 하지?

> 모든 일에서 성공적인 청년이었지만 그는 돈을 벌지 못했다. 사람들은 왜 그런지 이유를 알 수 없었다. 그는 야심이 넘치고, 성격도 유쾌하고 호감이 가는 사람이지만 재정적으로 늘 허덕였다. 그런 그가 마침내 자신의 문제에 대한 답을 자신에게서 찾게 되었다. 그날 이후 그는 항상 "나는 돈을 버는 것만 아니라면 무엇이든 잘 할 수 있어."라는 말을 입에 달고 살았다.
>
> - J. 마틴 코헤J. Martin Kohe

궁핍한 삶을 사는 데 모든 신경을 쓰면 가난에서 벗어나기 어렵다. 그러나 풍요로운 삶에 관한 생각을 하면 실제로 그런 삶이 찾아온다. 어느 쪽이 되었든 생각은 현실이 된다는 믿음이 필요하다. 부정적이든 긍정적이든 생각은 스스로 통제할 수 있기에, 우리는 좋은 결과에 대해 생각하는 습관을 가져야 한다.

내 의식 안에서는 대립되는 생각들이 동시에 존재하지 않는다. 나 스스로도 놀라울 정도다. 이런 현상을 이해하면 당신 역시 의식 안에 존재하는 원치 않는 생각을 떨쳐 버릴 수 있다. 좋지 않은 생각을 의식에서 떨쳐 버리는 습관을 들여야 한다. 그렇게 하면, 좋지 않은 생각을 의식에서 떨쳐 버리는 일이 마루를 닦거나 탁자의 먼지를 털어내는 일처럼 평범하게 느껴질 수 있다.

자신이 바라는 결과에 초점을 맞추고 행동할 때, 원하는 미래를 만들 수 있다. 그러한 행동은 로켓의 연료처럼 엄청난 추진력을 발휘할 뿐만 아니라, 자신이 꿈꾸는 미래를 향해 빠른 속도로 나아가게 한다.

당신의 인생에서 진정으로 바라는 것은 무엇인가?

이 질문에 대답하려면 무엇이 자신을 행복하게 하는지부터 고민해야 한다. 갑갑한 사무실에서 일하는 걸 싫어하면서도 월급이 많다는 이유로 창문도 없는 사무실에서 하루 종일 일하는 걸 선택하면 어떻게 될까? 개인의 소망이라는 관점에서 볼 때 앞으로 나아가고 있는 것인지, 퇴보하고 있는 것인지 판단하기 어렵다.

당신이 내린 선택은 명확한 목표에 다가가도록 하는가, 아니면 더 멀어지게 하는가? 각각의 선택들은 목표 달성에 도움을 줄 수도 있고, 반대로 당신을 무너뜨릴 수도 있다. 건설업에 종사할 것인가, 아니면 철거업에 종사할 것인가? 선택은 당신 몫이다.

시간은 중요하다. 삶의 모래시계는 언제 끝날지 아무도 모른다. 그런데 왜 우회로와 막다른 길을 가며 위험을 무릅쓰려 하는가? 인생에 있어서 목표가 분명하다면 목적지에 이르는 길도 보일 것이다.

"다음에는 무엇을 해야 할까?"

이처럼 간단하지만 깊이 있는 질문을 던져보기만 해도 길을 잃지 않을 수 있다. 간절히 소망하고, 앞서간 사람들의 조언을 듣고 따르면서 계획대로 나아가기만 하면 된다. 모든 사람이 축

산업자나 제빵업자가 되려고 하지는 않는다. 하지만 그런 직업을 선택하고 싶은 사람이 있다면, 먼저 걸어간 사람들의 길을 따라가면서 자신만의 길을 개척하려는 시도가 필요하다.

성공에 이르는 길은 길고도 고단한 여정이다. 출발하기 전에 어디로 갈 것인지 정확히 알고 있어야 정말로 원하는 곳에 도달할 수 있다.

빈곤에 대한 두려움

- 나폴레온 힐

빈곤의 두려움 때문에 만들어지는 가장 나쁜 증상 중 하나는 소망을 잃어버리는 것이다. 당신은 삶이 힘겨워 아무런 의문도 없이 모든 걸 그대로 수용하는가? 혹시 심신이 나태한 가? 만약 그렇다면, 당신은 빈곤에 대한 두려움을 가지고 있을지 모른다. 그런 증상을 없애려면 긍정적으로 생각하고 행동해야 한다.

당신은 스스로 결정하지 못하고 다른 누군가에게 대신 하도록 하는가? 이러한 태도는 빈곤에 대해 두려움을 가진 사람에게 나타나는 두 번째 증상이다. 조물주가 당신에게 준 가장 소중한 선물을 다른 사람에게 넘기지 마라. 자신에게 주어진 선택은 스스로 결정해야 한다. 자신에게 부여된 자유의 장점을 활용해서 스스로 결정하라!

빈곤에 대한 두려움 때문에 나타나는 세 번째 증상은 실패에 대해 변명하는 습관이다. 당신은 남들보다 경제적으로 뒤떨어진 이유를 변명하는가? 다른 사람의 성공을 시기하거나 비난하는가?

빈곤을 두려워하는 사람은 자신이 벌어들이는 소득 이상으로 소비하는 무절제한 생활 습관을 가지고 있다. 또한 평정심과 자기 통제력이 부족하고, 좋지 않은 표정을 짓거나 인상을 쓰고, 다른 사람들의 일에 트집을 잡는다.

빈곤에 대한 두려움은 성공이 아닌 실패를 받아들이는 습관을 기른다. 이 모든 행동은 부정적인 마음에서 비롯된다. 이런 마음에 사로잡힌 사람은 성공에 초점을 맞추기보다는 실패에 대한 두려움에서 벗어나기 위한 온갖 이유를 찾는다. 이들의 영웅은 성공한 사람이 아니라 '나태한 굼벵이들'이다.

마지막으로, 빈곤을 두려워하는 사람들은 일을 미루는 경향이 있다. 또한 인생의 의무를 다하려고 책임을 맡거나 적절한 행동을 취하는 걸 두려워하며, 부유한 삶을 살기 위해 노력하기보다는 가난을 숙명으로 여기고 받아들인다.

20. 자기 인생의 지휘관

경험은 일단 결정을 내리고 나면 문제가 사라지기 시작한다는 교훈을
준다. 설령 당신이 내린 결정이 최선이 아닐지라도, 결정을 내렸다는
사실만으로도 힘이 나고 의욕이 샘솟을 것이다. 일을 그르치게 만드
는 주된 원인은 일을 그르칠까 봐 두려워하는 마음이다.

- 게일 브룩스Gail Brooks

'건설적인 비판'이라는 말을 생각해 보자. 이 말을 듣
는 순간 마음이 불편해지는 사람도 있을 것이다. 사람들은 누군
가를 향한 비판에 동참하기도 하는데, 그 비판 속에는 그 사람에
대한 의견보다 자신의 의견을 더 많이 반영한다. 당신의 성장과
발전에 도움을 주는 것처럼 포장된 비판은 비판자가 의도하고
있는 길일 뿐, 당신이 정한 길은 아니다. 그런 길을 걷는다는 것
은 그렇게 가라고 조언한 사람들이 기뻐하는 일이다.

당신은 자신의 인생을 살고 있는지에 대해 생각해 본 적이 있
는가? 만약 당신이 꿈에 그리는 인생을 살고 있다면, 그 길의 목
적지를 정해야 한다. 그런데 당신이 자기 인생의 주인이 되기를
포기한다면, 그 역할은 다른 누군가의 계획으로 바뀌게 된다. 생
각해 보라. 당신은 다른 사람의 장단에 맞춰 자신의 존재를 정당
화하고 있지 않은가? 앞으로 나아가야 한다는 자신의 명령이 머

릿속에 있더라도 그것을 삶의 계획에 맞춰 실행하지 않는다면, 자기 자신 말고 누구를 탓할 수 있겠는가?

훌륭한 병사가 되는 것과 훌륭한 지휘관이 되는 것은 다르다. 지휘관은 병사를 이끌어야 하고, 병사는 지휘관을 따라야 하기 때문이다. 만약 병사가 되기로 결정했다면, 지휘관의 명령을 거부한다거나 지휘관을 비판의 대상으로 삼을 수는 없을 것이다. 이와 같은 병사와 지휘관의 관계처럼, 자신의 삶을 성공으로 이끌기 위해서는 자기 인생의 지휘관이 되어야 한다. 그리고 자기 인생의 지휘관이 되고자 한다면, 성공의 궤도 위에서 자신을 최선의 위치로 이끌어 줄 질문과 그에 대한 답을 스스로 찾아야 한다.

자기 인생의 지휘관이 되기로 결심하는 건 쉬운 일이 아니다. 모든 걸 스스로 결정하고, 그 선택에 따른 결과도 받아들여야 하며, 조금이라도 물러서면 곧바로 인생의 지휘권을 포기해야 한다. 만약 비판의 두려움이 당신을 성공의 궤도 위에서 멈춰 서게 한다면, 그것을 인정하고 극복해야 한다. 비판에 대한 두려움을 떨쳐 버리고 자신의 선택으로 미래를 결정할 수 있어야 한다.

자신에 대한 건설적인 비판을 생각해 본 적이 있는가?

이 솔직하고 직접적인 방법을 사용하면 문제의 핵심에 도달할 수 있다. 그리고 거기서 중요한 변화가 일어난다. 오직 당신만이 그렇게 할 수 있다. 자신에 대해 건강한 비판을 제기하고 철저히 검증하면서 무엇이 자신의 발전을 가로 막고 있는지 확인하자.

그러고 나서 자신에 대한 평가를 받아들이고, 더 나은 자신을 위해 발전 목표를 즉시 실천하자.

인생의 풍요로움은 자기 내면의 분석에서 비롯된다. 자신의 행복을 위한 더 나은 계획은 이미 자신 안에 있다. 자기 자신에 대한 건강한 비판을 통해 그것을 발견하면 된다.

비판에 대한 두려움

- 나폴레온 힐

우리는 다른 사람이 말하고 생각하는 것에 대해 두려움을 가지고 살아간다. 그리고 그런 비판은 자립심을 길러 줄 아이디어를 발전시키지 못하게 방해한다. 비판에 대한 두려움을 갖게 되면 개성을 잃기 쉽고, 자신감을 잃거나 열등감을 느껴 의기소침해진다.

당신이 뭔가를 하려는 계획에 대해서 가장 혹독하게 비판하는 사람들은 당신과 가장 가까운 사람들이라는 것을 아는가? 그래서 당신에게 경고하려고 한다. 자신의 명확한 목표를 주변에 알리지 마라. 당신의 목표를 비판하며 달려드는 것은 물론, 이전보다 더 열심히 하려는 당신의 야망을 꺾으려 할 것이다. 그들에게 당신의 목표를 절대로 드러내지 마라.

부모는 이해관계가 없기에 선의로 그럴 수 있다. 하지만 종종 자녀를 비판하거나 꾸짖거나, 어린 시절의 꿈을 웃음거리로 만들곤 한다. 이는 되돌릴 수 없는 상처가 된다. 사춘기 아이에게 여자 친구에 관해 놀리거나, 사춘기 딸에게 남자 친구를 놀리는 언행은 예민한 아이들에게 깊은 상처를 줄 수도 있다. 그만큼 위험하다.

매우 이상하게도 비판은 아무런 대가도 받지 못하면서 대부분의 사람들이 기꺼이 제공한다. 비판이 서비스라도 되는 것처럼 매우 관대하게 베풀려고 한다.

그러나 비판과 건설적인 제안은 차이가 있다. 때때로 직원이나 동료, 자녀들의 잘못된 언행은 바로잡아 줄 필요가 있다. 간혹 비생산적이거나, 낭비적인 행동을 하거나, 좋지 않은 습관을 가지고 있는 경우가 있기 때문이다. 균형 잡힌 사람이라면 자신에 대한 건설적인 제안에 감춰진 참된 의미를 받아들이고 과거의 실수를 되풀이하지 않을 것이다.

다음은 비판을 두려워할 때 가장 뚜렷하게 나타나는 증상 세 가지다.

1. 다른 사람에게 뒤처지지 않으려는 욕구. 이 욕구는 경쟁에서 앞서기 위해 노력을 이끌어 내는 자극이 될 수 있지만, 소득 수준 이상으로 소비하게 만들 수 있다.
2. 실제든 상상이든 자신이 이룬 것에 대해 자랑하는 습관. 과시하거나 성공한 누군가를 모방하며 뛰어나다는 인상을 주려고 애쓰며 열등감을 숨기려고 할 때 나타난다.
3. 쉽게 당황한다. 확실하게 결정을 내릴 수 없을 때, 사람들을 만나는 일이 두려울 때, 말수가 적어질 때, 자신감이 부족할

때 나타난다. 종종 책임 회피, 자주성 결여, 자신보다 높은 권한을 가진 사람을 두려워할 때 나타난다.

비판에 대한 두려움은 빈곤에 대한 두려움 못지않다.
비판에 대한 두려움은 상상력을 억제하고 자기 주도성을 무디게 함으로써 성공을 방해한다.

21. 건강염려증

*삶의 의지를 잃은 사람은 어떤 묘약으로도 치유할 수 없다. 다시금 삶
에 대해 관심을 갖게 하고, 삶에 대한 욕망을 유도하는 것만이 강력한
치료제가 될 수 있다. 이것이 내가 즐겨 사용하는 처방이다.*

- 아놀드 팍스Arnold Fox, MD

사람들에게 물으면 너나 할 것 없이 모두가 건강한 삶
을 원한다. 거리에서 즉석 인터뷰를 실시해 보라. 대상에 관계없
이 응답자 대부분이 건강하고, 행복하고, 멋진 사람이 되고 싶다
고 할 것이다! 조금 더 깊이 파고들어서 사람들에게 '건강한 삶
을 유지하기 위해 무엇을 하는가?'라고 묻거나 관찰해 보라. 관
찰한 결과를 평가하면서 다음 조사 결과를 살펴보자.

그들은 몇 시에 기상하고 취침하는가?

그들은 식단으로 매일 어떤 음식을 섭취하는가?

그들은 어떤 종류의 운동을 하는가? 그 중에 일상적인 움직임
에서 벗어나는 운동이 있는가? 운동하면서 자신이 할 수 있다고
느끼는 것보다 좀 더 무리해서 하는가?

그들은 살면서 어떤 열정을 가지고 있는가? 다시 말해, 그들의

명확한 목표는 무엇인가? 그들의 삶에서 어떤 열정을 엿볼 수 있는가?

그들은 어떤 방식으로 감사를 표현하는가? 긍정적인 마음가짐으로 기도하고, 다른 사람과 자신에 대한 감사를 행동으로 실천하는가? 대가를 기대하지 않고 베푸는가?

그들은 자신을 해결책의 일부로 보는가, 아니면 문제의 일부로 보는가? 다시 말해, 삶을 살아가면서 느끼는 잘못된 언행이나 습관을 교정하려고 노력하는가? 아니면 그냥 넘어가려고 하는가?

이제 역할을 바꿔서 위의 질문들을 자신에게 던진 후, 한 발짝 뒤로 물러서서 자신을 객관적으로 바라보라. 당신이 건강하고 행복하다면, 위의 질문과 대답으로 가치 있는 삶을 살고 있음을 알게 될 것이다. 왜냐고? 당신은 자신의 인생에 적극적으로 개입하기로 선택했기 때문이다. 당신의 목표는 게임에 참여하지 않고 벤치에 앉아 자리나 차지하고 있는 사람이 아니니까.

우리는 '인생'이라는 게임에서 모두가 주인공이다. 이 점을 인식하고 건강하게 잘 사는 것을 가장 소중한 자산으로 여겨야 한다. 건강한 삶이 곧 행복한 삶이기 때문이다.

건강을 잃을 것에 대한 두려움

- 나폴레온 힐

세 번째 근본적인 두려움은 건강 악화에 대한 두려움이
다. 이는 다음에 설명할 죽음에 대한 두려움과 관련이 깊다. 건강
이 악화되면 때로는 죽음의 문턱까지 갈 수 있기에, 인간의 사회
적, 신체적 유전 요소들이 건강 악화에 대한 두려움을 유발한다.

사회적 유전 요소는 개인이 특정 문화권의 구성원으로서 물려
받은 관습이나, 그 사회에서 요구하는 행동 양식에 따라 행동하
고 생각하는 습관을 말한다. 한편, 신체적 유전 요소는 개인이
출생 시에 타고난 신체를 말하는데, 특정 유전병에 대해 취약하
거나 발병 경향을 보일 수 있다.

몸에 발병 증세가 나타날 때까지 자기 암시를 통해 부정적인
생각을 마음속으로 반복하면, 실제로 병이 생길 수 있다는 증거
들은 많다. 많은 의사들이 환자의 마음과 신체 상태 사이에 분명
한 상관관계가 있음에 동의한다. 따라서 건강염려증이 아닌 건
강에 대한 건전한 관심을 갖고 음식과 맑은 공기, 햇볕을 통해
건강을 유지하는 데 필요한 것들을 받아들여야 한다.

22. 무기력과 공허함 채우기

회망은 역경이 남기고 간 빈자리를 채운다. 회망은 역경만큼 커지다가 결국은 역경을 넘어선다. 다만, 우리가 그렇게 믿을 때에만 가능하다.

- 주디스 윌리엄슨Judyith Williamson

　당신이 가난한 삶에 초점을 맞출 때마다 궁핍한 삶으로 빠져든다. 마찬가지로 사랑의 상실에 대해 생각하면 심각한 우울증을 겪는다. 그런 생각을 하는 대신에 멋진 새로운 관계에 초점을 맞춰 보는 건 어떨까? 새로운 친구들과 우정을 키워도 오랜 친구를 대체할 수 없을지 모른다. 그러나 오랜 친구들이 남기고 간 빈자리는 매워 줄 것이다.

　사람에게는 성공을 방해하는 두 가지 감정이 있다. 그건 바로 '무기력'과 '공허함'이다. 무기력은 사용하지 않으면 사라지기 마련이고, 공허함은 빈 공간을 무언가로 채우면 사라진다. 이것은 다른 사람이 당신의 인생에 개입하여 당신 대신에 결정하기 전에, 스스로 인생을 주도하라고 독려하기 위해 힐 박사가 언급한 두 가지 감정이다.

　마음이 흔들릴 때는 인생의 명확한 목표에 따라 행동하면 된다. 성공으로 가는 샛길은 없다. 반드시 정해진 주 도로를 따라 가야 한다. 그렇지 않으면 차에 치일 수 있다. 마찬가지로 삶에 빈 공간이 존재하면 채울 방법을 찾아야 한다. 졸업식에서 축사를 하는 대부분의 연사들은 평생 동안 배우는 걸 멈추지 말라고 조언한다. 학교를 졸업하고 나면 공허함이 밀려온다는 사실을 알고 있기 때문이다. 어떤 졸업생들은 더 이상은 공부를 하지 않겠다고 다짐하기도 하지만, 공식·비공식 교육을 통해 계속 공부하려는 졸업생들도 있다. 그리고 이때 스스로 공부하는 방법 중에 가장 쉬운 것이 바로 독서다. 이와 마찬가지로, 삶에서 좋아하는 것을 새롭게 경작하기 위해서는 선택과 행동이 필요하다.

사랑의 상실은 어떤 형태가 되었든 대부분의 사람들이 느끼는 매우 큰 두려움이다. 하지만 두려움에 연연해서는 안 된다. 상실감을 겪고 있을 때는 좋은 추억이 떠오를 수 있도록, 지금 당장 최선의 관계를 쌓으려고 노력하자. 매 순간에 집중하며 현재를 살아야 한다. 지금 이 시간은 우리가 가질 수 있는 유일한 시간이므로 그 시간을 최선을 다해 활용하자.

사랑의 상실에 대한 두려움
- 나폴레온 힐

네 번째 근본적인 두려움은 사랑의 상실에 대한 두려움이다. 이 두려움은 모든 인간이 가지고 있는 사랑에 대한 기본적인 욕구에서 비롯된다. 이 두려움은 짝을 선택하는 과정에서 발생하는 혹독한 경쟁을 겪으면서 더욱 악화된다. 그리고 이 두려움의 근원은 질투다.

사랑의 상실에 대한 두려움은 때론 영구적인 정신적 불균형을 초래하기도 하는데, 그 대가는 매우 클 수 있다. 그러나 사랑의 상실에 대한 두려움을 가지고 살아야 할 이유는 전혀 없다. 사람들이 잃는 것을 가장 두려워하는 남녀 간의 애정은 세상에서 가장 위대한 축복 중의 하나다. 당신이 긍정적인 마음으로 사랑을 추구할 의지를 갖고 있고, 그에 따른 대가를 기꺼이 치를 각오가 있다면 당신도 사랑을 얻을 수 있다. 부모의 자녀 사랑이나 자녀의 부모 사랑과 같이 다른 형태의 사랑도 마찬가지다.

23. 나이 들어감에 대하여

우리의 생각은 왜 그토록 중요할까? 자고로 생각은 말이 되고, 말은 행동이 되고, 행동은 습관이 되며, 습관은 성격이 된다. 생각은 성격 으로, 생각은 생화학 작용으로, 생각에서 건강이나 질병으로 이어진 다. 이렇듯 경로가 분명하다.

- 아놀드 팍스Arnold Fox

늙어 간다는 것은, 달력의 나이가 늘어남에 따라 자신만 의 방식으로 삶에 대처해야 한다는 걸 의미한다. 노년을 미리 계 획해 두었다면 늙어도 나쁘지 않은 상황이 될 것이다. 생계를 위 한 일상으로부터가 아닌 매일 하던 일로부터 은퇴하는 것은 또 다른 좋은 시작일 수 있다.

이제까지 관심을 갖지 않았던 새로운 취미 활동을 시작해 보 는 것도 좋은 선택이 될 수 있다. 매주 시간을 정해 놓고 자원봉 사를 하거나, 여행을 가거나, 가족과 함께 보내는 시간, 독서, 정 원 가꾸기, 마음의 평화를 찾는 영적 계발을 시작하는 방법도 좋 다. 아니면 아무 것도 하지 않으면서 내면의 평화를 찾으려는 시 도는 노년기의 내실을 충실히 할 수 있는 좋은 방법이다.

'노년'이라는 새로운 국면을 죽음의 전조로 바라보지 않고 새 로운 뭔가를 다시 시작할 수 있는 기회라는 관점으로 바라보자.

그렇게 하면 노년은 갱생이자 재탄생이 될 수 있다. 나폴레온 힐 박사는 시간을 제대로 분배하면 균형 잡힌 시간 활용이 가능하다고 역설했다. 마냥 쉬기만 하고 활동하지 않는다면, 평생 동안 익혀 온 기술을 잃게 될 수 있다.

뭔가를 완전히 그만둘 게 아니라, 그 시간을 줄이거나 작은 단위로 나누면 어떨까? 예를 들어, 하루 여덟 시간씩 이틀에 걸쳐 완성할 수 있는 작업이 있다면, 이제 이 일을 열흘에 걸쳐 나눠서 하고, 그 사이 사이에 다른 활동을 끼워 넣으면 어떨까? 이처럼 시간을 분배하면 계획을 유연하고 상황에 맞게 조정할 수 있다.

업무 일정에 변화를 주어 시간이 허락되면 하고 싶었던 일을 시도해 보는 것도 노년을 보내는 좋은 방법이다. 소설을 읽거나, 하루 이상 걸리는 여행도 가보고, 요리책을 보며 레시피를 연습하거나, 더 나은 생활을 위한 노력에 다른 사람을 동참시키는 것도 좋은 방법이다.

우선, 해야 할 목록을 작성하고 검토한 뒤 가능한 한 그대로 실천해 보라. 시인 로버트 브라우닝은 이렇게 노래했다.

함께 늙어가세!
가장 좋은 것은 아직 오지 않았다네.
인생의 초반은 남은 생을 위한 것이었으니
우리의 시간은 신의 손 안에 있다네.

신은 이렇게 말했다.

"너희는 내가 계획한 것의 반밖에 보지 못하였느니라. 신을 믿어라. 그렇지 않으면 두려움에 빠질 것이다!"

노년에 대한 두려움
- 나폴레온 힐

노년에 대한 두려움은 다섯 번째 근본적인 두려움이다. 하지만 우리는 이 두려움에 대해 대놓고 비난하거나 비웃는 걸 좋아한다. 노년에 대한 두려움 때문에 슬퍼하기보다는 차라리 웃어 버리는 편이 편해서 그런 것인지 모른다. 생일이 되면 나이를 한 살 더하지 말고 빼는 건 어떨까. 그러면 젊어진다고 느껴져 외모에도 변화가 생기기 시작하고 더 젊어 보일 것이다. 노년기를 수동적으로 받아들이지 말고, 생각이 젊어지도록 자신을 설득해 보자.

위대한 사람 중에는 55세가 지나서야 최고의 성과를 일궈 낸 사람들이 많다. 심지어 60세, 70세 이후에 큰 업적을 쌓은 경우도 있다. 자연은 잃어버린 젊음 대신에 세상에서 가장 위대한 덕목인 지혜를 보상으로 주기 때문이다.

지혜는 경험에서 우러나오고, 경험은 나이와 함께 쌓인다. 사람들은 스물, 스물다섯, 서른에 좋은 시절을 보냈더라도 다시 그 시절로 돌아가려고 하지 않는다. 나이를 먹을수록 세상에 더 쓸

모 있는 존재가 되기 때문이다. 물론 예전처럼 긴 시간 동안 밤
을 새워 일하거나 한밤까지 놀며 즐길 수는 없겠지만, 어차피 그
런 활동은 나이를 먹으면 싫어지기 마련이다.

24. 독서광의 혜택

1년에 한 권의 책을 읽는다면 평균 이상이다. 한 달에 한 권을 읽는다면 상위 10퍼센트 안에 든다. 너무 많은 책과 정보가 쏟아지고, 구하기 쉽다는 이유로 우리는 책과 정보의 가치를 모르고 산다.
- 짐 스토발Jim Stovall

얼마 전, 버지니아 주에 있는 토마스 제퍼슨의 고향 몬티첼로를 여행하고 왔다. 그곳에서 제퍼슨 생가의 혁신적인 건축물과 정원뿐 아니라, 제퍼슨이 서재와 편지를 얼마나 소중히 여겼는지를 보고 깊은 감명을 받았다. 그의 생가를 돌아보며 안내원의 설명을 듣고 나니, 독립선언문 작성자인 제퍼슨 대통령이 민주주의를 얼마나 진지하게 받아들였고, 국민과 후손들이 민주주의와 자유가 보장된 사회에서 살 수 있도록 해주기 위해 얼마나 노력했는지 알 수 있었다.

민주주의와 자유는 제퍼슨 대통령의 기대처럼 확고부동한 진리다. 하지만 오늘날에도 내전과 국제 분쟁으로 다투는 나라들을 보면, 그렇게 늘 확고부동하지도 않고 실현되지도 않는 것 같다. 하지만 '민주주의와 자유'라는 진리가 선진 문명의 초석임은 분명하다.

토마스 제퍼슨은 자신의 사상을 책을 통해 얻을 수 있었다. 그는 책을 가장 소중한 재산으로 여겼고, 자신의 도서관을 미국 의회도서관의 묘목으로 삼았다. 이것만 보더라도 제퍼슨이 글을 이해하는 능력과 독서를 국민들이 길러야 할 습관으로 매우 중요하게 생각했다는 걸 알 수 있다. 제퍼슨의 서재는 모든 재산의 중심이었고, 그의 모든 업적은 책으로 둘러싸인 서재에서 시작되었다.

만약 자유를 잃을까 봐 두렵다면, 우리는 가던 길을 멈추고 아무것도 하지 않은 채 뭔가 대책을 마련하려 할 것이다. 자유를 잃는다는 것은 한 국가가 집단 지성을 잃는 것과 같다. 자유의 상실이 하나의 민족과 국가, 그리고 문화에 어떤 의미를 갖는지 역사를 살펴보면 알 수 있다. 자유의 상실은 용납될 수 없으며, 교육을 통해서만 그것을 막을 수 있다. 그리고 교육은 독서로 이뤄진다.

지금이 바로 건강한 정신을 위해 독서를 해야 할 때다. 토마스 제퍼슨은 자신의 서재에서 얻은 지혜로 독립선언문을 작성했다.

당신은 자신의 지식으로 무엇을 할 것인가?

자유의 상실에 대한 두려움
- 나폴레온 힐

여섯 번째 근본적 두려움인 '자유의 상실에 대한 두려움'은 신체와 정신의 자유 상실을 의미한다. 오늘날 이 두려움은 온 세상에 널리 존재하고 있다. 왜냐하면 특정한 누군가가 지속적이고 교묘하게 인류가 고통스럽게 쟁취한 자유를 파괴하려 한다는 걸 알고 있기 때문이다.

인류는 수세기 전에도, 그리고 최근까지도 지금 우리가 누리고 있는 개인의 자유와 정치적 자유를 쟁취하고 수호하기 위해 피를 흘렸다. 이렇게 얻어진 자유는 당연시하거나 가볍게 여겨서는 안 된다. 긍정적인 마음가짐은 자유를 건설적으로 활용하고, 자유 수호를 위해 경계를 게을리 하지 말라고 우리에게 요구한다.

예언자가 아니더라도, 특별한 능력이 없더라도 자유에 대한 위협은 점점 심각해지고 있다. 하지만 긍정을 기반으로 하고 있는 성공철학은 어느 수준이 되었든, 민주주의적 생활 방식은 개인의 성취에 있어서 핵심이라는 점이다. 이는 매우 진지하게 생각해야 할 중요한 문제이며, 자유를 위해 경계를 늦추면 안 되는 이유다. 자유는 한순간도 경계심을 잃지 않아야 얻고 지킬 수 있는 특별한 것이다.

25. 좋은 시절 기억하기

나는 사는 동안 많은 사랑을 받았고 운도 좋았다. 할아버지의 희생적
인 사랑이 없었다면 오늘날 존재할 수 없었고, 이 글을 쓰지도 못했을
것이다. 살면서 내가 얻은 모든 깨달음 가운데 으뜸은 사랑이고, 사랑
은 모든 것을 가능하게 한다.

- 앤드류 비엔코브스키Andrew Bienkowski

두려움의 반대는 '사랑'이라고 믿는 사람들이 많다. 하
지만 나폴레온 힐은 두려움의 반대는 '믿음'이라고 강조하면서
믿음을 가지면 두려울 게 없다고 말했다.

죽음에 대한 두려움은 모든 두려움 중에서도 가장 무섭다. 어
느 순간 죽음에 대한 두려움이 엄습하면 심리적으로 타격을 받
고 흔들릴 수 있다. 시간이 좀 더 흘러 안정을 되찾게 되면 상처
가 아물면서 예전의 추억이 떠오를 것이다. 바로 거기서 다시 사
랑이 시작된다. 좋은 시절을 떠올리면 두려움은 물러가고 마음
속에서 믿음이 되살아난다.

죽음은 마음을 아프게 한다. 이 점에는 의문의 여지가 없다.
죽은 자가 당신이 되었든, 다른 사람이 되었든 차이가 없다. 하
지만 우주의 긍정적인 본성과 우리를 이롭게 한다는 신에 대한
믿음과 미래에 대한 기대감은 우리를 두려움에 맞서게 한다. 아

무리 봐도 죽음은 우주의 가장 거대한 미스터리 중의 하나다. 죽음이 우리의 귀향을 기다리며 가장 큰 깜짝 선물을 갖고 있는 것은 아닐까?

친구나 가족 누군가가 죽음으로 나아가고 있을 때, 우리는 죽음 이후에 모든 것이 나쁘지만은 않을 거라는 신호를 찾아볼 수 있다. 최근 내 여동생이 세상을 떠났지만, 나는 마음속으로 동생에게 계속 말을 하고 있다. 지난주에 내게 좋은 소식이 들려왔을 때, 동생을 생각하며 이렇게 말했다.

"내가 너를 위해 할 수 있는 것은 없지만, 너를 통해 무언가를 할 수 있구나."

이는 우주의 도움을 받으려면 스스로 행동해야 한다는 나폴레온 힐의 생각을 뒷받침하기에, 이런 나의 메시지를 소중하게 생각한다. 내가 이 세상을 떠난 동생을 대신해서 무언가를 한다면, 동생에 대한 내 기억도 영원히 남을 테니까 말이다. 이런 점에서 삶은 멋진 상호 호혜의 과정이다. 우리는 삶이 끝날 때까지 선행을 해야 하고, 선행은 우리가 돌려받을 수 있는 유일한 선물이다.

죽음에 대한 두려움
- 나폴레온 힐

　일곱 번째 근본적인 두려움은 죽음에 대한 두려움이
며, 이는 모든 두려움의 근원이기도 하다. 이 두려움은 사회적
상속이라는 복잡한 배경 때문에 떨쳐 버리기가 쉽지 않다. 죽음
에 대한 두려움은 매우 강력하고 극히 보편적이다.

　인류는 태고 적부터 '나는 어디서 왔는가?' 그리고 '나는 어디로
가는가?'라는 근원적인 물음에 대한 답을 갈망해 왔다. 사람은 이
해할 수 없는 것들을 두려워하며, 완전하고 절대적인 답이 없는
문제를 두려워한다. 이런 두려움은 어떻게 극복할 수 있을까?

　내가 할 수 있는 일이라고는 마음속에 잠재되어 있던 이 두려
움을 어떻게 잠재울 수 있었는지 알려 주는 것뿐이다.

　우리가 '삶'이라고 부르는 것과 '죽음'이라고 부르는 것을 자연
의 원리로 보고 분석하면, 우주 전체에서 우리가 인식하고 떼어
낼 수 있는 것들은 아주 적다는 사실이다. 시간과 공간, 에너지
와 물질, 이 모든 것의 이면에 있는 무한 지성 또한 여기에 해당
한다. 자연은 이 다섯 가지로 작동한다.

원자물리학의 연구에 따르면, 에너지나 물질을 창조하거나 파괴할 수 있는 사람은 없다고 한다. 에너지나 물질은 하나에서 다른 하나로 변형될 수는 있지만, 완전히 파괴할 수는 없다. 삶은 에너지다. 에너지를 창조하거나 파괴할 수 없는 것처럼, 삶도 파괴할 수 없다. 자연 또한 삶을 파괴할 수 없다. 다른 형태의 에너지와 마찬가지로, 삶 또한 연속적인 변화나 전환을 통해 지나갈지 모르지만 파괴할 수는 없다. 우리가 나타낼 수 있는 변화는 죽음 또는 전환뿐이다.

죽음은 둘 중 하나일 것이다. 그저 하나의 길고 영원한 수면이거나, 아니면 이 지구상에서 우리가 가진 것보다 훨씬 더 좋은 다른 차원을 경험하는 것이다. 둘 중 어느 것이 되었든, 죽음은 올 테니 두려워할 필요가 없다.

26. 자기 인생의 강령

"뇌종양이 재발했습니다." 이 짧은 두 마디가 그토록 수많은 사람들에게 극적이고 지속적인 영향을 미친다는 사실이 나에겐 기묘할 뿐이다. 내 아내는 나폴레온 힐 박사의 책을 읽은 적도 없고, 그의 성공법칙에 대해 알지도 못한다. 하지만 아내는 지난 3년 동안 힐 박사의 성공법칙을 스스로 터득해 뇌종양과 싸웠다.

- 댄 커둘리스Dan Kudulis

나폴레온 힐 박사의 성공법칙을 배우고 나면 곧바로 삶에 적용하는 습관을 들여야 한다. 다만 인생에서 역경에 직면해 본 적이 있는지, 긍정적인 태도가 어떤 도움이 되는지에 따라 성공법칙을 달리 해석하거나 적용하면 안 된다. 성공법칙은 삶이 뜻대로 잘 풀릴 때만 사용하는 것이 아니다. 오히려 삶이 자신의 뜻과 무관하게 펼쳐질 때, 자기 인생의 강령으로 활용할 수 있어야 한다.

좋은 방향으로든 나쁜 방향으로든 삶이 뜻대로 풀리지 않을 때, 나는 나폴레온 힐 박사의 성공법칙들 가운데 어떤 것을 적용할 것인지 살펴보는 걸 좋아한다. 이러한 확인을 통해 내 행동은 안정을 찾고, 제대로 된 경로로 순항하거나 이탈 후 다시 제자리를 찾곤 한다.

당신의 목표가 옳다면 결과도 긍정적일 것이다. 나폴레온 힐의 열일곱 가지 성공법칙을 자기 인생의 강령으로 활용해 보자.

나폴레온 힐의 열일곱 가지 성공법칙은 다음과 같다.

1. 목적을 명확히 하라.

2. 마스터 마인드의 원칙을 따르라.

3. 실제 이루어질 수 있다고 믿어라.

4. 남들에게 호감을 얻는 성격을 만들어라.

5. 자신에게 주어진 일보다 더 일하라.

6. 주도권을 잡아라.

7. 자기 수양을 하라.

8. 주의력을 집중하기 위해 마음을 조절하라.

9. 열정이 있어야 자신감이 생긴다.

10. 상상력을 발휘하라.

11. 역경에 맞서 경험을 배워라.

12. 시간과 돈에 대한 예산을 세워라.

13. 긍정적인 마음가짐으로 행동하라.

14. 신중하게 생각하고 행동하라.

15. 건강을 지키라.

16. 사람들을 피하지 말고 함께 어울려라.

17. 자연의 질서를 받아들여라.

진정한 의미의 신념
- 나폴레온 힐

바란다고 해서 이루어지는 것은 아니다. 매우 타당하며, 소망이 곧 신념이 아님을 상기시켜 주는 말이다.

이를테면, 한 가지 소망이 마음속 수면 위로 떠오른다. 그것을 '나는 ~을 소망한다.'라고 표현할 수도 있다. 당신을 기분 좋게 하는 모든 소망에는 돈이 하늘에서 쏟아지는 상상에서부터 양팔을 벌려 하늘로 날아오르는 장면까지 많을 것이다. 자연의 힘도 소망을 제한할 수는 없다. 하지만 이런 분명한 사실이 소망과 신념의 핵심적인 차이는 아니다.

말하자면 신념은 마음속 깊은 곳에서 솟아나 당신의 일부가 된다. 이것이 바로 진정한 의미에서의 신념이다. 이런 신념은 호르몬 분비와 혈류량을 변화시켜 의학의 힘으로 설명할 수 없는 신체의 변화를 가져온다. 마음속 깊은 곳에서 우러나온 이 신념은 다른 사람의 마음속 깊은 곳으로 미지의 파장을 보낸다. 명분이 있는 신념은 살고자 하는 욕구보다 훨씬 강하며, 인간의 자기 보존 본능까지 초월하게 한다. 그래서 신념은 종교의 근간이 될 뿐만 아니라, 국가를 지탱하고, 지금까지 인간이 이룬 모든 위대한 것들을 떠받친다.

다시 강조하지만, 신념은 당신의 일부다. 신념은 당신이 믿는 것을 이루게 하는 이유다. 당신이 위대한 신념을 가지고 있다면, 당신은 살아가는 내내 그 신념을 믿으며 살아가게 될 것이다.

27. 의견은 가장 값싼 상품

사고는 정확하게 해야 하고, 어느 누구도 자신을 대신해서 결정하게
해서는 안 된다. 또한 자신을 이끌어 가는 기준을 스스로 세워야 한
다. 때로는 자신이 세운 기준이 일시적으로 불이익이 되어 돌아오기
도 한다. 하지만 진실을 얻기 위한 피나는 노력과 함께 자신의 기준을
고수하는 것 역시 정확한 사고를 하는 사람으로서 반드시 치러야 할
대가이기도 하다.

- 마크 퍼거슨Mark Ferguson

나폴레온 힐은 "의견은 세상에서 가장 값싼 상품이다. 왜
냐하면 누구나 가지고 있기 때문이다."라고 했다. 그의 말처럼, 의
견과 사실의 차이를 알고 생각해야 '정확한 사고'를 할 수 있다.

팩트fact는 사실 조사를 견뎌내야 하고, 시간의 시험을 받아야 한
다. 하지만 의견은 쉽게 변할 수 있고, 주변 환경에 맞추려고 변색
하는 카멜레온을 닮았다. 누군가 말하는 팩트와 상상을 구별하는
방법은 "그걸 어떻게 알고 있나요?"라는 간단한 질문만으로도 시작
할 수 있다.

대부분의 사람들이 남들에게 자신은 신뢰할 수 사람이라는 믿
음을 주려고 하지만, 모든 사람을 신뢰할 수 있는 것은 아니다. 만
약 당신이 누군가에게 속고 있거나 확인되지 않은 정보에 압도되
어 정신이 없는 상태라면, 사실 확인을 요구할 수 있어야 한다. 당

신이 원하지 않는 한, 다른 사람의 의견이나 제안을 따를 필요는 없다. 상대방의 제안을 신뢰할 수 없다면 대화를 멈추고 해야 할 일을 하라. 그러고 나서 믿을 만한 정보인지, 상대방의 의견 또는 제안을 뒷받침하는 증거가 있는지 확인하라. 누군가를 속이거나 회유하려는 사람들은 상대방이 허풍에 속지 않는다고 생각하면 포기하고 다른 희생양을 찾아간다.

현실 세계의 상황을 다루는 법을 알고 있으면 소중한 시간과 돈을 절약할 수 있다. 어떤 이야기가 말도 안 되게 그럴듯해 보인다면, 실제로 말이 안 되는 경우가 많다. 대가없이 뭔가를 약속한다면, 가치 없는 것을 받을 게 확실하지 않겠는가. 열심히 일하고 노력하는 것만이 긍정적인 결과를 얻을 수 있는 지름길이다. 노력하는 것 외의 다른 것들은 사람을 홀리기 위한 미끼일 뿐이다.

오랜 세월에 걸쳐 검증되고 인정받은 성공한 사람들의 노하우는 성공을 향해 나아가는 이들에게 큰 도움이 된다. 성공을 향해 손을 뻗어라. 하지만 성공의 사다리를 오르기 전에 반드시 그 사다리에 투자하는 것을 게을리 하면 안 된다. 성공은 당신에게 최선의 노력을 요구한다. 그리고 당신은 단단해지려고 노력한 만큼 더 단단해진다.

사실과 공상

- 나폴레온 힐

소문이나 추문을 퍼뜨리는 사람들은 일상에서 자극을 줄 수는 있겠지만, 사실을 손에 넣기 위한 신뢰할 만한 출처는 되지 못한다.

대부분의 사람들은 팩트가 자신의 기대와 일치할 거라고 가정하기 때문에, 그러한 기대가 다시 사실을 낳는다. 의견이나 전언에 근거한 정보는 대부분이 공짜다. 하지만 팩트는 손에 넣기 어려운 측면이 있고, 사실에 근거한 정보를 얻기 위해서는 대가를 지불해야 한다. 즉 '사실 확인을 위한 조사'라는 대가가 필요하다.

정확한 사고를 하는 사람들은 "그걸 어떻게 알았습니까?"라고 즐겨 묻는다. 또 정확한 사고를 하는 사람들은 제공된 정보를 뒷받침할 수 있는 증거를 요구한다. 그들은 의견은 그저 희망적인 사고일 뿐, 사실에 근거해서 분석한 결과가 아님을 잘 알고 있다.

정확한 사고를 하는 사람들은 다른 사람들의 의견이 아닌 자연의 체계와 질서, 자연법칙의 조화, 시간, 에너지, 물질의 관계에 대해 과학자들이 직접 조사해서 밝혀낸 증거를 보고 믿는다. 그러므로 '믿음'은 입증된 사실에 기초하고, 정확한 사고의 원칙에 따라 가능해지는 마음의 상태라고 할 수 있다.

추측을 하기 보다는 정확하게 사고하는 습관을 들이는 태도가 중요하다. 정확한 사고를 하는 사람들은 어설프게 형성된 견해로 사람을 속이려는 의도를 간파하기 때문에 감언이설에 속아 넘어가지 않는다.

28. 문제를 정의하라

결혼의 핵심은 각자가 책임을 떠맡기로 합의하는 파트너십에 있다. 배우자가 당신과 결혼했다는 이유로 결혼 전에 모아 둔 재산이나 유산의 절반을 소유할 권리를 갖는다는 것을 의미하지 않는다.

- 엘리에셀 알퍼스타인Eliezer Alperstein

얼마 전, 동네 극장에서 '더 위즈The Wiz'라는 영화를 봤다. 서쪽의 사악한 마녀 에블린이 부른 '나쁜 소식은 전하지마No Bad News'라는 노래가 기억에 남는다. 노래는 나쁜 소식을 일일이 늘어 놓으며 자신의 하루를 망쳐 버리지 말라고 하인들에게 당부하는 가사로 되어 있다. 아마도 대부분의 사람들도 이 점에 공감하며 '나쁜 소식'만을 전하는 미디어로부터 벗어나고 싶을 지도 모른다.

하지만 그런 상황에서 벗어나는 건 쉬운 일이 아니다. 머리를 감싸 쥐거나 안식처를 찾아 도망가거나, TV나 컴퓨터, 라디오 등을 꺼 버린다고 기분 나쁜 소식이 없는 일이 될 수는 없다. 눈과 귀를 막으면 일시적인 안식을 얻을 수 있을지 모르지만, 뉴스는 끊임없이 전해질 것이다. 그리고 우리는 계속해서 생산되는 뉴스의 일부일 뿐이다.

지금 당신에게 일어난 일들이 통제를 벗어나 더욱 확대되고 있는가? 당신은 문제를 키우고 있는가, 아니면 해결책을 찾고 있는가? 밀린 고지서가 쌓이고 연체금이 늘어나면, 이 문제의 주범은 세상인가? 아니면 당신도 문제의 일부인가? 우리를 둘러싼 외부에서 일어나는 일들을 이해하려면 먼저 자신의 내면을 들여다봐야 한다. 아마도 우리 자신이 문제의 일부이거나 문제를 키우고 있음을 깨닫게 될 것이다. 다른 무언가를 탓하기는 쉽다. 눈가리개를 하고 세상을 바라보면 일시적으로 나쁜 것을 차단할 수 있지만, 마음속에 그릴 수 있는 좋은 것까지 가려 버릴 수 있다.

때로는 문제를 드러내서 정확한 관점으로 바라볼 수 있어야 핵심에서 비껴 나지 않을 수 있다. 우리가 어떤 문제를 다루고 있는지를 정확히 아는 것도 문제 해결을 위한 첫 걸음이 된다. 문제를 규정하고 나면 해결책을 찾는 과정을 시작할 수 있다. 부끄럽다고 문제를 감추면 문제는 드러나지 않은 채로 계속 커지다가 결국은 자신마저 삼켜 버릴 것이다.

문제를 처음부터 정확히 진단하고, 고통 후에 치유가 뒤따른다는 사실을 인정하면 어떨까? 인생을 살면서 고통과 치유는 둘 다 매우 중요하다. 부정적인 면을 없애려면 긍정적인 면에 초점을 맞춰야 한다. 앞면이 있으면 뒷면도 있기 마련이다.

작은 목소리에 귀 기울이기

- 나폴레온 힐

병이 깊어지면 주위를 둘러보고 다른 사람 말에 귀를 기울이게 된다. 이는 잘 잘려진 사실이며, 인생을 살아본 사람들의 지혜이기도 하다. 그리고 사람은 과거의 실패와 좌절을 초래한 요인들을 되돌아보기 위해 내면의 소리에 귀를 기울이기도 한다. 미국의 철학자 에머슨은 이렇게 말했다.

"장애인이 되는 것, 혹독한 실망감, 재산과 친구의 상실은 되돌릴 수 없는 손실처럼 보인다. 그러나 시간이 지나면 아픔을 치유할 수 있는 깊은 치유의 힘이 나타난다. 친한 친구, 배우자, 형제, 연인과의 이별은 견딜 수 없는 상실이다. 하지만 이는 얼마 지나지 않아 당연한 것처럼 받아들여지게 된다. 죽음은 삶의 방식에 큰 변화를 불러오고, 끝나기를 기다리는 유아기나 청년기에 종지부를 찍는다. 또한 늘 하던 일이나 가정 또는 생활양식을 변화시켜 인격 성장에 도움이 되는 새로운 환경을 만든다."

애머슨의 말처럼, 소중한 사람이 세상을 떠나면 새로운 친구가 생길 수 있다. 반면에 향후 몇 년간 새로운 친구를 사귀는 걸 피하

거나, 새로운 영향을 미치는 중요한 요소들을 받아들이지 않으려
할 수도 있다. 이런 사람은 담장이 무너져 뿌리가 뻗어 나갈 공간이
없거나, 많은 볕이 내리쬐어도 그저 정원의 꽃으로만 남으려는 사
람이다. 정원사는 방치할 것이고, 정원의 나무들이 숲을 이뤄 만든
그늘과 열매는 이웃 사람들의 차지가 될 것이다.

29. 멘토의 조언

*말은 강력한 신호를 보낼 뿐만 아니라 청년들의 삶의 형태를 결정하는
생각을 대표한다. 우리의 미래인 청년들에게 긍정적인 메시지를 전하
려고 노력하자. 그리고 우리가 사용하는 단어와 삶을 영위하는 방식도
신중하게 선택하자. 우리의 말과 생활 방식은 청년들의 말과 행동에 영
향을 줄 것이다.*

- 피트 드로렌조Pete DeLorenzo

멘토는 '오랜 세월에서 얻어진 삶의 비결'을 공유할 가치가
있다고 생각되는 사람들과 공유하려는 사람이다. 그렇다면 어떻게
해야 그들과 공유할 만한 '자격'을 갖출 수 있을까? 그 자격은 조언
을 들을 학생이 아니라 멘토가 정한다. 만약 누군가 당신에게 멘토
가 되겠다고 한다면, 다른 사람의 관심을 끄는 소수에 속하므로 행
운아라고 생각해도 좋다.

아마도 당신의 직업윤리, 기꺼이 조금 더 노력하려는 자세, 일을
하는 과정에서 보여주는 인내심, 역경에 직면했을 때 포기하지 않
는 끈기, 타고난 지적 능력을 가지고 있어서 선택 받았을 것이다.
이유가 무엇이 되었든 당신은 누군가의 관심을 끌었고, 그는 자신
의 지혜와 성공 비결을 당신에게 전해 주고 싶어 한다. 당신이 참여
하기로 결정한다면 좋은 기회가 될 것이다. 인생의 교훈이라는 유

산은 누구나 자기 것으로 만들 수 있는 것이 아니다. 나폴레온 힐이 말한 것처럼, 멘토가 조언하는 지혜를 수용할 마음의 준비가 되어 있어야 한다.

뛰어난 사람은 멘토링으로 축적된 인생의 경험을 다른 사람에게 제공할 수 있다. 이는 돈으로 살 수 없는 지혜이기에 매우 소중하다. 누군가 당신의 멘토가 되려고 할 때, 배울 게 없다며 간과하지 않기를 바란다.

때때로 사람들은 인생의 목적이 비슷하거나 같은 인식을 공유하려는 목적으로 모이곤 한다. 그런 자리에서 당신의 멘토가 되려는 사람이 있다면, 어떤 이유에서건 당신은 그의 마음에 와 닿았고, 당신에게서 자신의 모습을 떠올릴 만한 자격을 갖췄다고 본 것이다.

멘토가 당신을 선택했다면, 자신을 특별하게 생각하면서 다음의 원칙을 따르자.

1. 듣고, 듣고, 또 들어라. 멘토링은 대화가 아닌 멘토의 독백이다. 경청할 때, 더 많은 것을 배울 수 있다.
2. 받아들인 것을 적용하라. 적용은 지식을 결과로 연결하는 접착제와 같다. 생각하는 것에 그치지 말고 실행해서 결과를 내라.
3. 배운 것을 전수하라. 받았으면 다시 베풀어야 한다. 당신의 지식과 경험을 절대로 쌓아 두지 마라. 더 큰 결과를 내려면 공유하고 반복해서 알려라.
4. 받은 것에 감사를 표시하라. 감사하는 마음은 백 배로 다시 돌아온다.

감사하는 마음을 가져라.

이런 행동은 당신이 성공으로 가는 긴 여정을 힘차게 출발할 수 있도록 도움을 준다. 보이지 않는 길을 알려 준 멘토에게 감사하는 마음을 잊지 말자.

적절한 언어 사용
- 나폴레온 힐

언어를 사용해서 말하고 표현하는 능력은 조물주가 인간에게 부여한 축복이다. 인간 외에 말을 할 줄 아는 생명체는 없다. 그래서 언어는 소중히 사용하고 존중해야 하는 조물주의 은총이다.

다른 민족이나 다른 나라의 언어뿐 아니라 영어에도 다양한 뉘앙스를 갖는 단어들이 많다. 우리는 얼마든지 혐오감을 주지 않고 사람을 매료시키는 올바른 단어를 선택할 수 있다. 듣는 사람의 기분을 상하게 하는 부적절한 단어 사용에는 변명의 여지가 있을 수 없다.

어떤 경우에도 상대를 모독하는 단어를 사용해서는 안 된다. 그런 단어를 사용하는 언행은 우리에게 언어 사용 능력을 주신 조물주를 모욕하는 것임을 기억해야 한다. 언어는 조물주의 위대한 영광을 위해, 다른 사람에게 감동을 주기 위해 감사하는 마음으로 사용해야 한다.

단어의 적절한 사용은 문화와 교육의 지표로 여겨진다. 적시에, 그리고 적절한 단어를 사용하는 것은 온화한 성품을 이루는 데도 매우 중요한 요소가 된다. 부적절한 단어의 사용은 사람들을 떠나게 하지만, 적절한 단어 사용과 온화한 말투에 밝은 표정까지 더해진다면 다른 사람의 관심과 존경, 그리고 신뢰와 호감을 얻게 될 것이다.

30. 긍정적인 목표

지식과 경험은 시간과 함께 배우고 쌓일 수 있지만, 즉시 인식할 수 있는 것은 아니다. 강인한 직업윤리와 성공을 위한 불타는 열망은 가르치거나 배울 수 있는 것이 아니다. 직업 윤리와 열정은 전적으로 내면에서 비롯되는 특성들이지만 바로 눈에 띈다. 부지런한 사람은 오래 가지 않아 반드시 누군가의 눈에 띈다.

- 그렉 리드Greg Reid

최고가 되기 위해서는 지금 당신이 하고 싶은 일을 성공적으로 해낸 사람을 본받을 필요가 있다. 이는 간단하고 쉬운 말로 들릴 수 있지만, 성공의 비결을 알려 줘도 인정하지 않는 사람들이 많다. 이 때문에 성공을 거머쥐지 못하고 좌절하며, 자신들이 간절히 바라는 수준의 성공에 도달하지 못한다.

'그게 나에게 어떤 도움이 되지?'라고 단순한 질문을 던지는 것만으로는 충분하지 않다. 그보다는 '내가 사는 세상을 좀 더 나은 곳으로 만들기 위해, 나는 오늘 어떻게 기여할 수 있는가?'라고 자신에게 묻는 것이 훨씬 더 나은 질문이다. 이미 필요한 것을 발견하고 채웠다면, 하룻밤 사이에 세상을 구하려 하지 말고 이미 손을 댄 무언가를 조금 더 나은 것으로 만들면 된다.

미국의 세일즈 전문가이자 비즈니스 코치인 제프리 지토머는 우리가 초빙한 온라인 매거진 칼럼니스트다. 그는 글을 쓰고 강연을 하면서 사람들의 꿈을 실현하도록 돕고 있다. 수년 전부터 그는 나폴레온 힐 재단에 무료로 원고를 제공하고 있으며, 이를 통해서 보다 나은 세상을 만드는 데 큰 도움을 주고 있다.

당신이 최고가 되기 위해서는 반드시 봉사와 감사하는 마음을 가져야 한다. 자신의 타고난 재능을 발휘할 수 있는 일이라면 언제든지 봉사해야 한다. 이러한 단계를 실천하면, 의미 있는 목표와 긍정적인 결과를 만들어 내는 일에 전력을 다할 수 있게 된다.

당신이 목표를 이룬다면, 사람들을 이끌 수 있는 위치에 서게 될 것이다. 당신이 그 자리에 섰을 때, 그 길을 먼저 거쳐 간 진정한 리더들처럼 사람들을 이끌도록 하자.

31. 한 번에 하나씩

자신을 제대로 돌보지 않거나 건강한 상태가 아니라면 부자가 될 수 없다. 약물이나 수술은 건강과 자기 관리에 대한 해결책이 아니라 임시방편에 불과하다. 오랫동안 건강한 정신과 신체를 유지하는 비결은 자기계발을 꾸준히 실천하는 것뿐이다.

- 핑 양Ping Yang

그림으로 그린 듯 완벽한 결과에 초점을 맞추는 데에는 정해진 시간이 없다. 한 번에 한 가지씩 긍정적인 선택을 실천해 나가면 삶을 개선할 수 있고, 이를 알고 있다면 올바른 방향으로 향하고 있는 것이다. 또한 이런 긍정적인 선택의 힘은 당신에게 모범이 되는 성공한 사람의 길을 따를 수 있게 한다.

모든 것을 한꺼번에 이루고야 말겠다는 조급함을 버리고, 인생의 긴 여정을 걷기 위한 목표와 계획을 세우자. 그리고 나서 긍정적인 선택을 하나씩 실천해 나간다면, 성공을 향한 열망에 응답할 것이다. 그리고 마침내는 마음에 그리던 성공을 거머쥘 수 있다.

성공은 이처럼 간단한 출발에서 시작될 수 있다. 하지만 더 높이 발전하기 위해서는 훈련과 인내가 필요하다. 우선, 다음 요령을 따르자.

- 매일 새롭게 시작하자. 좌절은 잊어버리고 회복에 초점을 맞추자.
- 밝고 활기차게 살자. 어제는 과거로 남겨 두고 미래를 마음에 품자.
- 보다 나아진 삶으로 변화시켰다면, 시간을 내서 몸과 마음과 영혼의 휴식을 취하자.
- 하루의 목표를 달성하면 자신에게 보상을 주자. 기분 전환에 매우 유용하다.
- 당신의 선함을 나눠 다른 사람에게 도움의 손길을 내밀자. 기쁨이라는 감정을 나누면 절반으로 줄어들지 않고 두 배로 늘어난다.
- 하루의 일을 시간별로 나누어 나아간 정도를 기록하자. 자신의 긍정적인 행동들을 기록으로 남기고 확인하자. 자신이 행한 긍정적인 행동을 확인해 보면 성공으로 나아가는 속도가 빨라진다.
- 자신이나 다른 사람의 삶, 또는 세상을 긍정적으로 변화시켰는지 스스로에게 물어보자. 만약 변화시키지 못했다면, 지금부터 시작해 보자.
- 오늘 행한 일들을 다시 할 수 있는 기회는 없다고 생각하고 선행을 미루거나 소홀히 하지 않겠다고 결심하자.
- 완벽해지려 하지 말고 조금씩 개선하는 데 주력하자.
- 정서적, 신체적, 재정적, 사회적으로 나에게 영향을 주는 것들은 무엇인지 자신에게 말을 걸어 보자. 자신을 구성하는 이들 요소들은 균형을 이뤄야 하는 바퀴살이다. 이러한 요소들이 균형을 이루면, 당신이 꿈꾸는 성공을 향해 순조롭게 나아갈 것이다.

'생각한 대로 이루어진다.' 매일 조금씩 나아지려는 것에 집중하면 기분이 좋아지고, 성과도 올라간다. 선택은 당신의 결정에 달려 있다. 한 번에 하나씩 긍정적인 선택을 하고, 그것을 행동으로 실천하면 당신이 꿈꾸는 최고의 자신을 만들 수 있다.

전문가의 조언
- 나폴레온 힐

어떤 뛰어난 사람이 다양한 치유 기능을 가진 멋지고 세련된 기계를 당신에게 주었다고 가정해 보자.

그의 설명에 따르면, 기계를 잘 관리하고 제대로 사용하면 18년간의 워밍업을 거친 후, 매주 자동적으로 40~50년 동안 투출구에서 돈이 나온다고 한다. 금액은 조금씩 계속 늘어날 것이며, 적어도 20만 달러에 달하는 돈이 제공될 것이다. 기계를 전문가처럼 잘 활용하고 관리할 수 있게 되면, 기계에서 얻게 될 금액은 수백만 달러로 늘어날 수도 있다고 한다.

그런데 이 기계를 만든 사람이 당신에게 작은 비밀을 알려 주었다. 이 기계에는 또 다른 투출구가 있는데, 수명이 다할 때까지 매순간 행복이나 만족, 아니면 절망과 좌절을 배출한다고 한다. 만약 당신이 전문가의 솜씨로 이 투출구 버튼을 조작하게 된다면, 이 기계는 엄청나게 빠른 속도로 작동하며, 끝임 없이 만족과 금전적인 보상을 제공할 것이다. 그러기 위해서 당신은 끈기 있게 다루는 법을 배우고, 오랜 시간 동안 연습하고, 지시 사항들을 잘 따라야 한다.

마지막으로 그는 이렇게 말한다.

"다른 사람들이 당신에 앞서 그렇게 했고, 아마 당신 뒤를 따를 많은 사람들도 그렇게 할 것이오. 그들 모두 공통적으로 한 가지 비결을 갖고 있었소. 기계를 믿고 나와 내 지시를 믿었다오."

몇 년 동안의 연습 끝에 당신은 기계 다루는 법을 반 정도 익혔고, 당신을 도울 수 있는 또 다른 전문가들이 있다는 사실을 알게 되었다. 사실 그들이 완벽히 기계를 다룰 줄 안다 해도 기계를 만든 위대한 사람의 지식에 비하면 극히 일부에 지나지 않을 것이다. 만일 이들이 당신을 도와 제어 버튼을 다루는 방법과 기계를 통해 얻게 될 결과가 나아질 수 있다면, 당신은 이들에게 조언을 요구할 것인가?

32. 자신을 돌보기

인간의 행동을 촉진하는 기본 동기 중에서 사랑의 감정이 가장 강력하다. 실제로 엄마, 아빠, 아내, 남편, 그리고 자녀를 사랑하려는 동기를 가진 사람들이 다른 동기를 가진 사람들보다 더 많은 것을 성취했다.

- 톰 커닝험Tom Cunningham

사랑은 모든 행동을 일으키는 첫 번째 동기다. 사랑은 사람들을 움직이게 하고, 그들에게 즉시 시간과 재능을 쓰도록 하는 힘을 가지고 있다. 우리는 개인, 가족, 친구, 명분을 사랑할 때, 꿈을 실현하기 위해 무엇이든 하려는 강한 충동을 느낀다. 사랑에 관한 모든 이야기들은 사랑하는 것들 뒤에 자신을 두고 다른 '사랑할 것들'을 자신 앞에 두게 한다.

하지만 자신을 먼저 사랑할 수 있을 때, 다른 사람도 사랑할 수 있다. 다른 사람에게 베푸는 호의를 자신에게도 베풀 때, 우리는 생명력을 얻을 수 있다. 시간을 내서 자신을 돌보라. 그러면 이타심도 더 쉽게 생길 것이다. 자신을 돌보기 위해 최근에 다음과 같은 일을 한 적이 있는지 확인해 보라.

자신이 선택한 날, 휴가를 낸 적이 있는가?

이미 과부하 상태라며 업무를 거절한 적이 있는가?

혼자 일을 떠맡는 대신 누군가에게 도움을 청한 적이 있는가?

매일 분 단위로 빡빡하게 스케줄을 채우는 대신, 혼자서 한가로운 시간을 가져 본 적이 있는가?

점심 약속, 모임, 아니면 밤에 외출하자는 친구의 말에 뭔가 다른 일을 하고 싶다는 이유로 거절한 적이 있는가?

책을 읽거나 쇼를 보고, 음악을 듣거나 산책을 하고, 자신이 원하는 곳에서 쇼핑을 하면서 기쁘게 먹고 싶은 음식을 먹은 적이 있는가?

아침부터 밤까지 온전히 나만의 일로 하루를 보낸 적이 있는가?

죄책감을 느끼거나 나중에 후회하지 않고 '안 돼!'라고 말한 적이 있는가?

당신을 행복하게 하는 일들을 생각해 본 적이 있는가?

미래를 두려워하는 대신에 계획을 세워 본 적이 있는가?

좀 더 즐길 수 있는 기회를 자주 갖게 되면 상상할 수 없을 만큼 건강하고 행복하고 멋진 사람이 될 수 있다. '자신에게 먼저 투자하라'는 재무 계획에 대해 들어 본 적이 있을 것이다. 오늘 하루는 당신을 위해 보내고 당신의 인생에 기쁨을 줄 수 있는 일을 해 보라. 이렇게 결심하면 모든 것이 긍정적이고 매력적으로 보일 것이다.

사랑의 화학 작용

- 나폴레온 힐

사랑과 애정이 육체와 영혼을 위한 가장 훌륭한 묘약임을 기억하라. 사랑은 신체의 전체적인 화학 작용에 변화를 일으키고, 긍정적인 마음을 표현할 수 있는 상태로 만든다. 또한 사랑은 다른 사람의 마음속에 당신의 존재감을 넓혀 준다. 사랑에는 대가가 없지만, 사랑받을 수 있는 최고의 방법은 사랑을 주는 것이다.

매일 다른 사람을 위해 했던 선행을 기록하고, 매일 온정어린 행동을 실천하라. 이런 습관이 주는 혜택은 점점 쌓여 당신은 다른 사람의 마음에 크게 자리 잡게 된다. 그러니 기억하라. 하루에 한 번 선행을 하면 노화마저 늦어진다는 것을!

당신이 받은 모든 호의와 혜택만큼 다른 사람에게 똑같이 베풀어라. 그러면 수확 체증의 법칙이 당신에게 유리하게 작용하여 당신이 받을 자격이 있는 모든 것들을 받게 해 줄 것이다. 긍정적인 마음은 반드시 서로 주고받는 것이다. 그렇지 않으면 기능할 수 없기 때문이다.

33. 믿음 vs 두려움

나는 결과를 바꾸고, 부정적인 상황을 긍정적인 것 이상의 무언가 특
별하고 멋진 것으로 변화시키기 위해 무엇을 해야 하는지를 나 자신
에게 묻기 시작했다. 나는 두려운 감정을 없애고 모든 부정적인 말을
멈춤으로써 나만의 인생 여정을 시작할 수 있었다.
- 레이븐 블레어 데이비스Raven Blair Davis

당신을 머뭇거리게 하는 것은 정말로 존재하는 공포인가,
아니면 머릿속에서 만들어 낸 허구인가? 자신에게 정말로 솔직하
다면, 당신이 걱정하는 내용이 대부분 상상의 결과임을 인정할 것
이다. 사람은 '걱정'을 하게 되면 두려움에 휩싸일 때까지 통제 불가
능한 수준으로 머릿속에서 나쁜 상황들을 떠올리게 된다. 이렇게
머릿속이 두려움에 사로잡히면 몸이 얼어붙어 한 발짝도 나아가지
못할 수 있다.

우리는 때때로 가족이나 친구들이 두려움에 빠진 모습을 볼 수
있다. 이야기를 만들어 내서 '만약 ~한다면 어떨까?'를 더하면, 그것
의 실체를 알기도 전에 두려움이 괴물처럼 머릿속에 그려진다. 말
그대로 두려움을 집중적으로 생각하면, 실제로 두려움이 생겨난다.
마음은 위대한 힘을 가지고 있다. 피하고 싶은 것을 상상하면서 마
음속에 그리면, 실제로 부정적인 그림들은 점점 현실로 다가온다.

마음속에 생겨나는 부정적인 마음의 성향을 깨닫는다면, 아래로 추락하기만 하는 소용돌이의 방향을 되돌릴 수 있다. 부정적인 생각에 빠져 있는 자신을 깨닫고 조용히 또는 큰 소리로 '그만 해!'라고 외쳐 보자. 그런 뒤 부정적인 생각을 지우고 좋은 생각으로 바꾸자. 예를 들어, 조만간 열릴 회의나 업무에 관한 두려움이 엄습한다면 최악의 시나리오를 머릿속에 그리지 말고, 방향을 바꿔 가능한 한 최상의 시나리오를 상상하며 별일 아닌 것처럼 생각하자. 자신을 다독여 긍정적으로 생각하도록 유도하면, 부정적인 생각이 자신을 조롱하고 있음을 깨닫게 될 것이다.

　두려움은 우리에게 두려워할 만한 행동을 일으키고, 그 행동은 다시 두려운 결과를 낳는다. 오늘만이라도 부정적인 생각에 빠지지 말자! 생각하는 과정에서 부정적인 생각을 하고 있는 것은 아닌지 자신을 유심히 살펴보자. 그리고 두려움에서 비롯되는 생각에 빠지지 않겠다고 다짐하자. 부정적인 생각이 현실로 나타나기 전에 중단하자. 두려워하지 말고 자신을 믿자. 그러면 세상을 바라보는 관점뿐만 아니라 세상이 변하는 모습을 보게 될 것이다.

두려움이 있던 곳에 믿음을
- 나폴레온 힐

두려움에서 벗어나기 위해 첫 번째로 해야 할 일은 내면의 두려움을 이해와 믿음으로 대체하는 것이다. 이를 위해 두려움이 작동하는 원리, 두려움과 신체 기능의 관계를 살펴보자.

잠시 지나가는 일시적인 두려움은 인간의 마음에 매우 중요하고, 정상적인 작용이라는 것을 분명히 밝힌다. 길을 건널 때 자동차에 치일까 봐 두려워하는 것은 일시적인 현상이다. 그 덕분에 안전하게 길을 건너는 데 집중하고 생명을 지킬 수 있다. 이런 두려움은 경고를 발하는 것으로, 길을 안전하게 건너는 순간 잊게 된다.

두려움의 두 번째 중요한 작용은 위험한 상황에서 생명을 지키도록 신체 기능을 동원하는 것이다. 잠시 고대의 원시인을 상상해 보자. 어스름이 지면 모닥불 곁에 앉아 불을 쬐며 낮 동안 마련해 둔 음식을 먹는다. 분명 이 원시인은 평온을 느끼며 낮 동안의 고단함을 잊을 것이다. 이 순간, 숲에서 갑자기 나뭇가지 부러지는 소리가 났다고 가정해 보자. 이는 위험을 알리는 경고의 신호다. 적이 가까이에 와 있는 것이다. 원시인은 재빨리 몸을 움직여 위험을 피할 것이다.

흔히 두려움은 특정 위험에 대해 일어나는 반응이 아니다. 철저하게 학습된 반응으로 유년기에 학습된 것이다. 원시시대 이후부터 인간은 이런 반응에 대응할 필요성이 많이 사라졌지만, 이런 학습된 사고 패턴은 사라지지 않고 계속되어 왔다. 그 결과 행복하고 효과적인 삶을 영위하려고 하는 당신의 욕망을 방해한다.

우리는 알지 못하는 대상을 두려워한다. 자신이 무엇을 두려워하는지 알게 되면, 그 자리는 믿음으로 대체될 것이다. 효율적이고 순조롭게 기능하는 신체를 얻기 위해서는 반드시 긍정적인 마음을 기르고 가꿔야 한다.

34. 감정의 에너지

> 많은 사람들이 자신은 '무신론자'라고 주장한다. 나는 무신론자를 만
> 날 때마다 그들이 믿지 않는 신에 대해 이야기해 달라고 요청한다. 나
> 역시 그들의 신을 믿지 않기 때문이다.
>
> - 로버트 사이프 신부Fr. Robert Sipe

에너지는 신체의 욕구에서 만들어 내는 기능과 대사, 일
상의 일을 할 수 있도록 도와주는 역할을 한다. 에너지는 파괴되지
않는 상태로 존재하지만, 특정한 결과를 얻기 위해 형태를 바꿀 수
는 있다. 긍정적인 마음을 유지할 수 있다면, 달성하려는 것이 무엇
이 되었든 그림을 그린 듯 완벽한 결과를 이끌어 낼 수 있다. 에너
지는 씨앗이 발화하고, 꽃이 피고, 꽃이 지면 다시 땅으로 돌아가서
처음부터 다시 그 과정을 시작할 수 있게 해준다. 또한 에너지는 우
리를 둘러싸고 있는 것은 물론 우리 안에도 내재되어 있다. 하지만,
그 에너지를 목적에 맞게 사용하는 것은 우리의 자유 의지에 달려
있다.

시간은 계획에 의해 제한되고, 우리가 삶에서 떠맡은 문제를 해
결하는데 재능과 지혜를 어떤 방식으로 지혜롭게 활용할 것인지에
대한 계산을 요구한다. 건물을 짓기 위해 기초 공사를 해야 한다면,

콘크리트 믹서에 시멘트를 넣고 가동하는 과정부터 시작해야 한다. 그렇지 않으면 건물은 상상 속에나 존재하는 허구에 불과하다.

요점은, 우리가 가진 에너지는 제한적이므로 성취하고 싶은 일에 쏟아야 하며, 불필요한 일에 분산되지 않도록 해야 한다. 시간은 몇 년, 몇 개월, 며칠, 심지어 수 시간 단위로도 낭비될 수 있고, 모래시계 역시 언젠가는 바닥을 드러낸다. 따라서 에너지를 낭비하면 자신에게 주어진 시간에 아무것도 보여줄 수 없게 된다. 같은 행동을 반복하면 같은 결과를 얻게 될 것이므로, 자신에게 주어진 에너지는 시간을 투자할 가치가 있는 행동을 선택하는 데 사용되어야 한다.

성취하려는 일을 지속적으로 하고 있다면 정말로 자신에게 중요한 일에 에너지를 쓰고 있는 것이다. 먼저 자신의 꿈과 목표를 찾은 후, 방치해 두면 흩어져 버릴 에너지를 모아서 목표 달성을 위해 앞으로 나아가도록 하는 일에 사용하자. 침대와 TV 앞에서 시간을 보내거나 의미 없는 인간관계를 위해 인생을 산다면 꿈을 이룰 수 없다. 자신의 꿈과 목표를 이루기 위해서는 목표에 집중하고, 전문성을 갖춰야 하며, 자신이 계획한 대로 매일 실천할 준비가 되어 있어야 한다.

시간보다 값진 것은 없다. 시간이 다 지나가면 아무리 간절히 바라도 지나간 시간을 되돌릴 수 없다. 시간은 이 세상에서 자신의 재능을 보여줄 만한 곳에 현명하게 사용하고, 사람들이 따르고 싶어하는 일에, 그리고 오래 남을 유산을 남기는 일에 사용하자. 그와 같은 긍정적인 행동이야말로 에너지를 가치 있게 제대로 사용하는 것이다.

미국의 여성 유머리스트 에마 봄벡Erma Bombeck은 이런 말을 남겼다.

"삶의 궁극적인 목적은 태어날 때 부여된 재능을 남김없이 사용하고 다 비운 뒤, 우리의 근원인 영성으로 다시 채울 준비를 하고 조물주에게로 돌아가는 것이다."

섹스와 순화
- 나폴레온 힐

　　조물주가 인간에게 준 선물 중에서 성적 욕구는 가장 고귀하고 건설적인 욕구인 동시에 가장 천박한 욕구이기도 하다. 성적 욕망은 우리를 인간의 숙명을 향해 나아가도록 하는 모든 창조적인 힘을 지탱한다. 성적 욕망은 인류의 위대한 자산인 성당과 교육기관을 세우게 했고, 선조들은 이전에 알지 못했던 권리와 자유를 아이들에게 부여하는 민주주의의 탄생에도 크게 기여했다.

　　성性의 순화는 레오나르도 다빈치, 미켈란젤로, 다윈, 베토벤과 같이 불멸의 길 위에 거인처럼 우뚝 선 수많은 위인들을 남겼다. 성은 우리에게 꺼지지 않는 모성애도 주었다. 그리고 모성애는 사람을 사랑하는 법을 가르쳐 주었다. 모성애는 동정심과 온정, 사람에 대한 이해의 원천으로서 가장 고결한 사랑이다.

　　우리가 일에 쏟아 붓는 만큼 결혼 생활을 위해 노력한다면, 가장 절실한 순간에 육체적, 영적 만족을 느낄 수 있다. 그래서 성을 통속적으로 타락시키는 것을 보면 한탄스럽기 그지없다. 그런 사람들은 인생에서 가장 고귀하고 아름다운 기쁨 중의 하나를 망쳐 버린 것이다. 결혼 생활에서 만족과 기쁨을 찾지 못한다면 반드시 의사의 도움을 받아야 한다.

성욕은 자연스러운 것이다. 또한 성욕은 영감을 주고 행동하게 하는 욕구 사이에 존재한다. 이 성욕이 극에 달할 때, 사람은 명확한 목표에 도달하는 데 필요한 수단과 방법, 그리고 다른 영감의 원천으로부터는 얻을 수 없는 창조적 능력인 정교함과 용기, 날카로운 상상력을 개발할 수 있다.

성욕을 잘 다스려 최종 목표로 향하게 한다면, 사람들에게 '천재'라는 평판을 들을 정도로 높은 수준의 성과를 낼 수 있다. 이렇듯 성적 감성에는 탁월한 창의성과 창의적 비전을 이끌어 내는 비결이 담겨 있다.

35. 사후의 생

아일랜드에는 '뉴그레인지'라는 고대의 돌무덤이 있다. 이 무덤의 입구는 동지 때 일출 시에 태양빛이 가장 안쪽 어두운 내실까지 들어올 수 있도록 설계되어 있다. 이는 사후의 생에 대한 신석기인들의 원초적 열망을 표현한 것이다. 오늘을 사는 우리들도 크게 다를 바 없다. 물론 우리의 삶은 기술 발전으로 진보했지만, 생과 사에 관한 수많은 문제와 미스터리는 여전하다.

- 유리엘 마르티네즈Uriel Martinez

해외에 머물고 있던 터라, 귀국하고서야 두 명의 친구가 세상을 떠났다는 소식을 듣게 되었다. 두 사람의 장례식은 이미 치러졌고, 남은 것이라곤 친구들과 내가 나눴던 추억뿐이었다. 함께 보낸 날들을 반성하는 것은 언제든 나에게도 이런 일이 일어날 수 있기 때문이었다. 세상을 떠난 친구 둘은 교사였고, 나는 오랜 시간을 교실 안팎에서 그들과 함께 일했다. 친구나 가족이 세상을 떠나면, 남은 사람들은 자신의 죽음에 대해 생각하게 된다.

사람들은 '만일 내가 죽게 되면'이라는 말로 신체적 존재에 대해 자주 언급한다. 영원히 살고 싶어 하는 소망은 자연스러운 감정이지만, 신체는 현재의 형태로 영원히 존재할 수 없다. 그렇다면 우리의 영혼은 어떤가? 영혼에 깃든 꿈과 소망은 영원하기에 불멸이 아닐까 싶다. 나는 영혼의 인격이 나이를 먹으면 점점 더 아름다워진다고 생각한다. 또한 영혼은 육신이 노쇠해질수록 더 소중히 여기고 매력적으로 가꿔야 한다고 믿는다. 안면 리프팅, 임플란트, 염색, 보디빌딩 대신에 타고난 무형의 선물을 건네줌으로써 영적 자아를 아름답게 가꿀 수 있다.

당신의 특별한 재능을 세상을 위해 사용해 본 적이 있는가? 아니면 여전히 당신의 재능은 당신 안에 머물고 있는가? 불멸은 평생 동안 당신과 교류해 온 사람들의 마음속에 계속 남는 것이다. 시나 단편, 소설, 희곡을 쓰거나 미술작품을 남기면, 사람들은 더 이상 곁에 있지 않아도 그 재능을 기억하는 것처럼 말이다. 당신이 이 세상을 떠나더라도 사람들의 기억에 영원히 남고 싶은가? 그렇다면 다른 사람에게 먼저 도움의 손길을 내밀고, 대화가 필요할 때 상대방의 말을 경청해 주고, 유용하고 실용적인 조언을 해 주고, 다른 사람의 기대에 먼저 초점을 맞추자. 그러면 당신 내면의 영혼은 더없이 아름다워진다. 그리고 보이지 않는 재능의 원천으로부터 내면의 자아는 육신보다 더 크게 성장하기 시작한다.

우리가 세상을 떠날 때 어떤 변화가 우리를 기다리고 있을까? 달걀이 부화하고 병아리가 깨어날 때, 애벌레가 나비로 변신할 때, 도토리가 싹을 틔우고 자라 나무가 될 때, 그리고 신생아가 두리번거리며 처음 세상을 바라볼 때보다 생을 마감할 때 뭔가 더 멋진 일이 일어나지 않을까? 말 그대로 '정상에서 만납시다.'

라는 표현은 완전히 다른 의미를 가질 수 있다.

　나폴레온 힐 박사가 언급한 것처럼, 사후의 생에 대한 욕망 역시 우리가 잉태될 때부터 우리 안에 있었던 것이다. 그리고 사후의 생에 대한 믿음 때문에 살아 있는 순간을 최대한 잘 사용하고, 더 큰 미래를 위한 영혼의 다음 행선지로 나아갈 수 있는 것이다. 우리는 '지금 이 순간'이라는 맥락 안에서 살고 있으며, 오직 이 순간만 존재한다는 사실을 늘 기억하고 있어야 한다. 그러므로 삶은 계속된다.

사후의 생에 대한 염원
- 나폴레온 힐

　사후의 생에 대한 염원은 인간을 두렵게 하는 매우 강력한 동기이자 거의 모든 종교 활동의 근원이다. 전 세계인을 대상으로 실시한 연구에서, 사회 발전 수준이 낮은 문화에서부터 가장 높은 문화까지 모든 문화권에는 숭배하는 대상이 있는 것으로 밝혀졌다. 모든 문화에는 어떤 형태로든 종교가 있다. 그리고 특이하게도 모든 종교의 핵심 주제는 불멸 또는 영생이다. 이런 주제를 공부하는 사람들은 현세의 삶 이후에도 의식은 계속된다고 믿는데, 그 믿음을 뒷받침하는 증거로 모든 문화권에서 반복적이고 일관되게 불멸을 숭배하는 것이라고 주장한다. 사후의 삶으로까지 이어지는 영생에 대한 염원은 자기 보존 욕구와 밀접히 관계되어 있으며, 인간의 본성이기도 하다.

36. 심신의 균형과 자유

> 진정한 자유는 몸과 마음을 하나로 보는 것이다. 몸에서 균형이 깨지면 마음이 평화로울 수 없고, 반대의 경우도 마찬가지다. 하지만 간혹 몸과 마음은 상충하게 되는데, 이것이 바로 고통의 근원이다.
>
> - 샘 보이즈 목사Rev. Dr. Sam Boys

자유의 개념을 살펴보면, 무엇이 사람을 노예로 만드는지 생각하게 만든다. 노예화의 정의는 사람이 다른 사람에게 '소유된' 상태라고 할 수 있다. 개인이 이렇게 자유를 상실하는 일은 지금도 여전히 존재한다. 그러나 좀 더 일반적인 형태로는, 가정이나 직장에서 군림하는 상대에게 우리 자신을 노예로 만들도록 스스로 허용하는 경우다. 만약 당신이 소유하고 있는 무언가를 보살피며 계속 먹이를 준다면, 언젠가는 당신이 소유하는 것이 아니라 그것이 당신을 소유하게 될 것이다. 당신이 가진 물건이 자신을 위해 쓰이는지, 아니면 당신을 노예로 만드는지 생각해 보자. 가장 자유로운 사람은 부를 축적하는 것만이 스스로를 관리할 수 있다는 사실을 잘 아는 사람이다.

앞에서 언급한 것처럼, 관리인은 자신이 관리하는 무언가를 책임지는 사람이다. 건물, 증권 아니면 어떤 종류의 물품이든 관리인은 자신이 맡고 있는 것에 대해 책임을 갖는다. 하지만 시간이 흘러 보관하고 있는 물품들이 쌓이면 모으는 기쁨도 잠시, 곧 돌봐야 하는 상태로 전락할 수 있다. 이렇게 양상이 바뀌는 어느 지점에서 심신의 자유는 사라지고, 스스로 선택한 재산을 관리한다는 짐이 그 자리를 대신하고 만다.

우리를 구속하는 것들은 우리를 통제한다. 그리고 사람은 선택을 통해 하나의 기회를 다른 기회로 바꾼다. 자유롭다는 것은 실제로 선택과 그 선택의 결과를 통제하는 상태다. 모으면 쌓이고, 움직이면 정체되지 않는다. 순환하면 생명의 피가 몸 안에서 계속 흐르고, 열정은 순환과 함께 힘을 공급한다. 움직이면 관성도 사라진다. 그와 같은 원리처럼 신중히 생각해서 내린 긍정의 선택은 좋은 결과를 낳고, 그로 인해서 삶은 개선된다.

심신의 자유를 위해 한 번에 하나씩 자유롭게 좋은 선택을 내리고 행동에 옮겨야 한다. 자기 실현을 위한 이 첫 걸음은 더 좋은 결과를 얻을 수 있도록 이끈다. 무엇을 해야 할지 알고 실천하면 자유에 대한 통제 의식도 높아진다. 자유란 '당연하게 얻어지는 것'이 아니다. 자유는 한 번에 하나씩 능동적으로 선택할 수 있을 때 얻을 수 있는 '권리'다. 자유 사회의 구성원이 된다는 것은 권리가 아니라 쟁취해서 얻은 특권이다. 이 '황금 같은' 기회가 주어졌다면 자유롭게 생각하고, 자유롭게 선택할 수 있어야 한다. 또 이런 생각은 널리 알리고 주변 사람들에게 자율성을 갖도록 도와야 한다. 진정한 자유는 자신과 다른 사람들 모두에 대해 책임을 수반한다. 진정한 자유를 동기로 삼고 마음속에 그리던 사람으로 성장하기 위해 최선을 다하자. 나폴레온 힐 박사는 이런 말을 남겼다.

"당신이 앞으로 나아갈 힘이 있다면, 당신의 미래가 더 나을 거라고 확신한다면 태어나면서 부여된 '자유'라는 권리를 방치해서도 안 되고, 포기해서도 안 된다."

심신의 자유에 대한 욕구

- 나폴레온 힐

모든 사람이 마음속에 품고 있는 기본적인 욕구는 구속받지 않고 자유로워지는 것이다. 자유에 대해 물어보면, 아마도 '내 회사를 차리면 아무도 내게 이래라 저래라 하지 않을 것'이라는 말을 듣게 될지 모른다. 이런 단순한 표현은 대개 헛된 소망에 지나지 않지만, 이런 소망은 자유에 대한 확고한 염원이 아닌 나태함에서 비롯되기도 한다. 자영업자가 된다고 해서 반드시 자유로워지는 것은 아니다. 정작 자영업자는 사업을 하면서 적자를 면하기 위해 새벽부터 밤늦게까지 일하지만, 직원들은 퇴근 시간이 되면 집으로 돌아간다. 다만 자기 사업을 하는 것이 자기 결정권을 갖게 되는 하나의 방법인 것만은 사실이다.

미국은 전 세계 어느 나라보다도 개인의 자유를 더 많이 제공한다. 자신에게 자유를 가져다주는 것에 대한 확고한 생각, 목표 달성을 위한 확고한 계획을 세우는 것은 전적으로 개인에게 달려 있다. 부를 쌓고 심신의 자유를 얻으려면 신중하게 계획을 세워야 하지만 '그렇게 하는 사람은 매우 적다.' 많은 사람들이 부를 쌓고 나서도 너무 많은 것들에 구속되어 살아가기 때문에 실제로는 자유롭지 못하다. 삶이 당신을 좌우하도록 방치하는 한, 당신은 삶에 끌려 다니게 된다.

37. 복수심과 자기 파괴

분별력, 관용, 정확한 사고와 지혜롭기 위한 자질이 결여된 단 하나의
감정이 있다면, 그것은 '복수심'이라고 부르는 감정이다. 복수심은 초
점을 흐리게 함으로써 확고한 목표로부터 빠르게 빗나가게 만들고,
생명력 있는 긍정의 에너지를 소모시켜 궁극적으로 성공을 방해한다.
- 필 테일러*Phil Taylor*

　보복하고 싶은 동기가 엄습할 때 보복에 몰두하는 대
신, 축복에 집중하면 어떨까? 우리는 직접 경험하거나 직간접적
으로 경험하는 방식을 통해 무언가를 축복할 수 있다. 모욕을 받
아들이고, 모욕한 자를 축복하고, 모든 것을 마음에서 지워 버리
자. 마음에서 쓰레기를 비우면 그 유익한 결정에 은총이 내려질
것이다.

　만약 좋거나 나쁜 또는 그 중간의 무언가를 본다면, 그것을 축
복하면서 앞으로 나아가자. 복수를 꿈꾸면 앙갚음과 보복이라는
틀 안에 갇히게 된다. 보복은 언제나 일어나기 직전인 교통사고
와 같다. 왜 그런 길을 가려 하는가? 보복하고 싶은 욕구를 유발
하는 마음의 상처부터 먼저 내려놓자. 보복의 악순환이 시작되
기 전에 끝내자. 당신은 끝낼 수 있다.

　누군가 나를 화나게 하거나 모욕을 주었다고 느낄 때, 복수심

이 생기면서 이성적인 판단이 흐려진다. 그러면 감정의 지배를 받아 머릿속은 혼란스러워지고, 결국은 양쪽 모두 상처를 받는다. 원인 제공자뿐만 아니라 보복을 위해 공격하는 쪽 모두 상처를 받는다.

보복에 대해 긍정적으로 대처하려는 마음가짐은 잘못을 용인하거나 간과하는 것이 아니라, 잘못된 무언가가 자신을 지배하지 못하도록 막으려는 것이다. 이 방법을 시도하여 자신에게 통하는지 확인해 보자. 그 방법이 통한다면(통할 것이므로) 성공을 위한 긍정적 동기 부여를 재정비하는 쪽에 초점을 맞추자. 그러면 더 빠른 시간 안에 당신이 목표로 했던 곳에 도달할 수 있다.

보복하려는 욕구

- 나폴레온 힐

당한 만큼 되갚아 주고 싶은 마음은 지극히 인간적인 감정이지만, 한편으로는 파괴적인 시간낭비일 뿐이다. 대체로 복수심은 좋은 결과로 나타나지 않기 때문에, 상황도 사람도 나아지지 않는다. 원한이 가져올 수 있는 결과는 오로지 부정적인 마음뿐이다. 성공을 위해 반드시 필요한 건설적이고 긍정적인 마음과는 정반대. 화를 내거나 마음에 증오심을 품으면 정신 에너지를 낭비할 뿐만 아니라, 소중한 시간을 비생산적으로 사용하게 된다.

그럼에도 불구하고 많은 사람들이 마음속의 소중한 정신 에너지를 보복이나 앙갚음에 쏟아 부으며 산다.

"빌려 준 돈을 받지 못할 바에는 네놈의 가죽을 벗겨 헛간에 걸어 둘 테다!"

이 얼마나 자주 들어보는 혐오스런 표현인가?

38. 증오의 감정

증오의 감정은 화살이 아니라 부메랑이다. 다른 사람을 표적으로 삼고 해치려고 던지지만, 결국 더 강력한 힘으로 되돌아와서 던진 사람에게 해를 끼친다.

- 에딜 달랠Adil Dalal

증오는 양날의 검이다. 창의력에 손상을 줄 뿐만 아니라, 성공을 향한 궤도 중간에 멈춰 세워 버린다. 또한 증오는 사람을 정체 상태에 가두고 정서적으로 구속함으로써 영구적인 우회로가 되거나 걸림돌이 된다. 증오는 대상이 되는 사람에게도 해를 끼치지만, 그만큼의 크기로 자기 자신에게도 해를 끼친다. 감정이 실린 행동은 나쁜 의도를 행한 자와 당한 자 모두에게 되돌아가며, 이 사이클은 반복된다. 증오는 나쁜 결말 외에 다른 결말이 있을 수 없다. 이 문제에 관해서라면 이중부정조차 긍정이 될 수 없다.

한쪽 뺨을 맞고 다른 쪽 뺨을 내주는 지혜는 가해자를 위한 것이 아니라, 모욕을 당한 자신을 위한 것이다. 피해자인 자신을 문제의 상황에서 제외하면, 걷잡을 수 없이 치닫는 부정적인 상황으로 빠져들지 않을 수 있다. 한 걸음 물러서서 정신을 똑바로 차리고 문제에 휘말리지 않겠다고 선을 긋자. 그러면 감정이 고조된 대치 상태에서 우위를 점할 수 있다.

증오를 사랑으로 바꾸는 것은 세상에서 가장 어려운 일이다. 마치 철광석을 황금으로 바꾸는 것만큼이나 어렵다. 영혼의 연금술은 생각과 감정, 정서를 재정비함으로써 가장 낮은 곳으로 추락한 자아를 최상의 자아로 바꿀 수 있다. 그리고 이런 변화는 치열한 노력을 기울일 만큼 가치가 있다. 당신이 복수와 증오, 앙갚음에 시간을 투자할 가치가 없다고 판단할 때, 어떤 일이 벌어질지 생각해 보자. 그렇게 하면 진정으로 중요한 일에 초점을 맞추고 힘차게 나아갈 수 있다.

인생을 돌아볼 때, 후회로 점철된 앨범이 아닌 추억할 만한 성과가 수록된 앨범을 만들고 싶지 않은가? 나폴레온 힐 박사의 말을 떠올려 보고 자신에게 주어진 것을 최대한 활용하자.

"당신이 빌린 것을 갚아 줘야 할 사람은 당신에게 도움을 준 사람들이다."

받은 만큼 되돌려 줘야 할까?

- 나폴레온 힐

복수심은 행동을 일으키는 매우 강력한 동기가 된다. 하지만 복수심은 기어도 넣지 않고 자동차 엑셀을 밟는 것과 유사하다. 동력만 낭비될 뿐이다. 연료가 소모되고, 에너지도 고갈되고, 기계도 소모되지만 어디로도 나아가지 못한다. 복수심을 마음에 품고 살 때, 이처럼 에너지와 역량이 낭비된다. 보복을 하면 앙금이 남아 있는 사람에게 위로가 될 거라고 생각할 수도 있다. 하지만 뉴턴은 자신이 주장한 법칙 중의 하나에 대해 이렇게 말했다.

"모든 행동에는 동일한 양의 반응이 존재한다. 이 법칙은 물질에 대한 물리적 속성에 관한 것이지만, 조금만 바꿔 생각하면 인간의 여덟 번째 동기인 복수 욕구에 적용할 수 있다. 즉 복수심을 드러내면 같은 양의 복수심이 상대방에게서도 생겨난다. 당신이 신경을 써야 할 사람들은 당신을 도운 사람들뿐이다."

좀 더 흔히 나타낼 수 있는 부정적인 감정들, 그리고 좀 더 위험한 감정들로는 공포, 증오, 분노, 질투, 복수, 허영, 탐욕 등이 있다. 이런 감정들은 사람들로부터 성공의 기회를 앗아가는 7인의 노상 강도나 마찬가지다. 이런 감정들은 정확한 사고를 불가능하게 만든다. 또한 판단의 오류를 초래하기에 끊임없이 관리하고 면밀하게 관찰해야 한다.

39. 열정이 남아 있는가?

> 어린 아이들은 자신을 자유롭게 표현하고, 다른 사람이 무슨 생각을
> 하는지 개의치 않는 천성을 가지고 있다. 아이들은 또래의 괴롭힘에
> 대처하거나 실패를 두려워하기 시작하면서 생길 법한 심리적 부담에
> 도 쉽게 오염되지 않는다. 그래서 아이들은 원래 있는 자기 모습 그대
> 로인 경향이 있고, 그 상태에 만족한다.
>
> - 필 바로우Phil Barlow

자기실현이란 무슨 의미일까? 아마도 우리가 세상에
태어나 인생을 살아가면서 도달할 수 있는 가장 높은 수준의 성
취를 말할 것이다. 인생의 각 시기마다 자기실현도 달라진다. 나
이는 늘 문제를 일으키며 뇌리를 떠나지 않고 두세 가지의 욕구
를 따라다닌다. 작은 뒤척임이나 한밤중에 잠을 깨우는 작은 생
각들은, 천국의 저편에 살고 있는 동안 우리가 행할 수 있도록
주물주가 부여한 것들이다.

잠시 나에 관한 이야기를 해 보려고 한다. 사실 나는 평생 동
안 고양이를 사랑했다. 태어난 후 그리고 죽는 순간까지 고양이
는 내게 '매우 특별한' 무언가에 속한다. 지금은 '몰리'라는 이름
의 귀여운 고양이를 기르고 있는데, 내가 기르는 고양이들 중에
서도 가장 좋아하는 녀석이다. 다른 고양이들도 길러 봤지만, 사
람들의 표현을 빌자면 이 녀석은 '무지개의 저편'에 있다. 녀석은

늙었지만 아직 저 세상으로 가지 않았다는 뜻이다. 최근 휴가차 알래스카에 머무는 바람에 며칠 동안 집을 비우게 되었다. 몰리를 데려가지 않고 집에서 보살피도록 했지만, 녀석은 돌아온 나를 보며 여전히 반겼다. 동행한 아르시 박사는 "몰리가 당신을 보고 정말로 미소를 짓는군."이라고 했다. 그것만이 아니다. 몰리는 밤새 내 곁을 지키며 야옹 소리를 냈다. 이렇게 기분 좋은 환영 인사가 또 어디에 있겠는가?

이야기의 핵심은 이렇다. 나는 오랜 세월 고양이와 함께 뭔가를 하려고 늘 붙어 다녔다. 하지만 나는 무엇을 어떻게 했을까?

요약하자면, 몇 년 전 네덜란드 출신 마이클 텔라페리를 만났는데, 고양이에 관한 열정적인 이야기를 듣고 흥미를 느꼈다. 마이클의 도움으로 그의 음악적 재능을 내 고양이들의 '야옹이 퍼포먼스'와 결합해 사랑하는 내 고양이 가족을 위한 전용 웹사이트를 개설했다. 내가 이 일을 했다고 해서 내 인생도 더 좋아졌을까? 물론 그렇지는 않다. 하지만 이 일을 계기로 나의 창의력은 자극을 받았고, 내 열정을 공유한 친구들과 함께 기쁨을 나눌 수 있었다. 또한 내가 죽기 전에 해 보고 싶던 버킷 리스트에서 항목 하나를 지울 수 있었다!

고양이에 미쳤다고? 아마 그럴지 모른다. 하지만 당신은 자신의 열정으로 무엇을 했는지 묻고 싶다. 열정이 아직 당신 안에 남아 있는가? 적어도 나는 과거에 바라기만 하던 무언가를 해봤기에, 열정이 남아 있다는 매우 구체적인 증거를 제시할 수 있

다. 그리고 아마, 열정이 세상을 좀 더 나은 곳으로 만들 거라고
조용히 말하고 싶다.

자기 표현의 욕구
- 나폴레온 힐

우리는 돈보다 사람들에게 인정받고, 자신을 표현할 수 있는 기회를 더 많이 얻을 수 있도록 노력해야 한다. 많은 위대한 사람들이 그렇게 함으로써 성공할 수 있었다. 사려 깊은 사람들은 삶의 궁극적인 목표가 자신을 표현할 새롭고 더 나은 방법을 찾는 것이라고 믿는다.

삶에서 새로운 틀을 만들어 나갈 때, 우리는 다양한 표현과 감동을 누리기를 원한다. 자아, 즉 인간이라는 살아 있는 독립체는 이렇듯 자기 표현에 대한 욕구를 가지고 있다. 우리는 긍정적인 마음으로 사람들을 만나는 일상적인 접촉을 통해서 자기 표현의 욕구를 충족시킬 수 있는 원천을 발견할 수 있다.

성공을 이루는 과정에서 두 손이 필요하다는 걸 알게 된다. 한 손은 전지전능하신 분의 축복을 받기 위해 하늘을 향해 뻗고, 다른 한 손은 당신을 도와주는 사람과 손을 잡는데 필요하다.

사람들과 협력하지 않고 위대한 성공을 거둔 사람은 없다. 당신 역시 협력의 대가로 다른 사람에게 무언가를 나눠야 한다는 것을 기억해야 한다.

40. 가치를 창출하는 일

가치는 생각하는 능력에 의해 창출되고, 생각하고 행동하는 데 쓰이는 시간은 제한되어 있다. 우리는 가치 창출과 이 한정된 시간을 교환한다. 그 결과 이 세상에서 주어진 시간은 우리가 하는 일, 가치 창출과 같아진다.

- 레이 스텐달Ray Stendall

어머니에게 돈을 달라고 하면 늘 "돈은 그저 나무에서 자라는 게 아니다!"라며 훈계하셨다. 지금에 와서 어머니의 말씀을 떠올리니 미소가 저절로 나온다. 이렇게 어머니는 나에게 간접적으로 미래를 준비하게 하고, 부자가 되는 법을 가르치셨다. 또한 어머니는 어떤 직업을 선택할 것인지에 대해 이야기하시면서 내가 대학을 졸업한 후 선택한 직업으로 생계를 이어 갈 수 있기를 바라셨다. 내가 수입에 관해 어머니의 훈계를 내 아이들에게 상기시키자, 당시에는 나 역시 잘 알아듣지 못했을 거라며 아이들이 웃었다.

　내 아이들은 대학을 졸업한 후에 전공 분야와 관련된 일자리를 얻게 되었다. 이제 아이들은 용돈과 대출, 또는 다른 사람들이 베푼 자선이 아닌, 스스로 생계를 이어 가야 한다는 사실을 잘 알고 있다.

경제적으로 자립하면 자존감과 삶의 질은 향상된다. 직업 상
담사들은 대개 직업에 관한 관심사와 재능, 특정 직업에 필요한
소양에 대해 언급하지만, 잠재 소득에 관해서는 충분히 말해 주
지 않는다. 하지만 지금까지 받은 교육을 어떻게 써야 하는지 지
식을 머릿속에 쌓아 두기만 하면 안 된다는 사실을 일깨워 줘야
한다. 돈이나 재산과 마찬가지로, 다른 모든 것들도 유통될 때
가치가 있다.

나폴레온 힐 박사는 이렇게 말했다.

"진정한 행복은 물질을 소유하는 데 있지 않고, 물질을 이용해
자신을 표현하는 특권에 있다."

이 말을 잠시 생각해 보자. 그런 뒤 부유함이 삶을 개선하는
데 사용될 수 있고, 에너지로 전환할 수 있는 것인지 살펴보자.
운동은 긴장을 풀지 못하게 하는 힘을 만들고, 나무에서 돈이 자
라는 건 아니지만 과수원 주인은 사과를 소득으로 만든다. 이와
마찬가지로 우리가 그 무엇에 시간과 에너지를 쏟아 붓고, 선택
한 형태가 무엇이 되었든 동일한 가치로 보상을 받는다는 점은
분명하다.

돈을 소유하는 것과 사용하는 것
- 나폴레온 힐

삶에 대해 이야기할 때, 물질 만능주의가 팽배하고 있어서 이를 비판하는 사람들도 늘고 있다. 우리가 물질적인 부의 중요성을 지나치게 강조하는 것처럼 보이는가? 그렇다면 그것은 너무 많은 사람들이 빈곤을 두려워한 나머지, 다른 종류의 부를 누릴 가능성을 간과하고 있기 때문일지 모른다.

돈의 진짜 좋은 점은 쓰이는 용도이지, 단순히 부를 쌓는 것이 아니다. 진정한 행복은 돈을 소유하는 것이 아니라, 돈을 사용해서 자신을 표현할 수 있다는 특권에 있다. 돈은 목적을 이루기 위한 수단에 불과하고, 자기 표현을 위한 물리적 수단일 뿐이다. 몸과 마음의 자유를 누리기 위해서는 돈이 있어야 하고, 돈이 있다는 건 선택된 축복이다.

사람이 깨어 있는 대부분의 시간 동안 똑같은 일을 반복하고 겨우 생계를 유지할 정도만 보수를 받는다면 진정으로 자유로울 수 없다. 생존의 대가가 이렇게 비싸다니! 이런 교훈이야말로 인생의 탁자 아래 떨어진 부스러기를 주워 먹던 습관을 버리도록 일깨워 준다. 또한 스스로 정해 버린 한계를 떨치고, 삶이 주는 혜택을 마음껏 누릴 수 있도록 확실한 방법을 깨우쳐 준다.

하지만 누군가 돈을 원하지 않는다고 착각하면서, 돈 없이 살아보겠다고 한다면, 굳이 말리고 싶지는 않다. 언젠가는 가난에 찌들어 무일푼으로 살아가는 것이 인간이 저지를 수 있는 죄악 중에서 최악의 하나임을 깨닫게 될 테니까 말이다.

삶을 바라볼 때는 충분히 현실적이어야 하고, 삶에서 최고를 얻을 수 있을 정도로 현실적이어야 한다.

41. 변화 속에 감춰진 선물

사람을 변화시킬 수 없다는 말은 널리 알려진 격언이다. 사람을 바꿀 수는 없을지 몰라도 누구와 어울릴 것인지는 선택할 수 있다. 부정적인 영향을 주는 사람들과 절연하고, 가치를 공유하고 서로의 목표를 지지해 주는 사람들과 의도적으로 관계를 맺을 때 성공은 더 가까워진다.
- 캐슬린 베츠Kathleen Betts

단풍이 지고, 배와 사과가 익고, 해가 짧아지고, 밤공기가 쌀쌀하게 느껴지면 가을이 오고 있음을 알 수 있다. 가정에서는 화분을 실내에 들여놓고, 많은 동물들이 따뜻한 굴을 찾아 동면에 들어가고, 철새들은 남쪽으로 날아간다. 잔디 깎는 도구는 창고에 넣어 두고 여름 정원의 마지막을 수확한다. 주변에서 이 모든 일들이 일어나면 계절이 변하고 있음이 분명하다.

우주의 섭리의 일부인 우리는 이렇듯 계절의 변화를 보아왔다. 미국 중서부에 살고 있는 나는 사계절을 즐기고 있다. 봄에는 다년생 식물들과 철새, 여름에는 개똥벌레, 가을에는 귀뚜라미 소리, 초겨울에 내리는 첫눈에 내 인체의 시계가 맞춰지곤 한다. 이런 현상들은 계절이 늘 변하고 있다는 증거이므로, 우리가 늘 예상할 수 있는 변화다.

그러나 모든 변화가 반가운 것만은 아니다. 가족의 죽음, 잃어

버린 애완동물, 다른 주로 이사하거나, 친구나 스승의 죽음은 기대보다는 두려운 변화를 의미한다. 하지만 변화는 피할 수 없으며, 이를 성장과 발전의 기회로 받아들여야 한다. 변화 없이 정체된 상황이나 감정은 영혼의 성장에 아무런 도움을 주지 않는다. 본래 '변화'라는 건 안전지대에서 벗어나 새롭고 더 높은 정신적 차원으로 도약하게 만든다.

변화는 희망을 주기도 하지만, 처음에는 상처를 줄 수 있다. 그러나 변화의 과정에서 이로운 성장이 일어날 수 있다. 변화로 인해 당신이 충격을 받았을 때, 스스로에게 이런 질문을 해보라.

'나를 자유롭게 하고, 나를 성장시키는 것은 무엇인가?'
'변화 속에 어떤 선물이 숨겨져 있을까?'
'변화가 가져다주는 선물을 어떻게 받아들이고, 어떻게 자신의 한계를 뛰어넘어 성장할 수 있을까?'

변화는 당신의 미래를 위해 거친 땅속에 감춰진 다이아몬드를 캐내는 것과 같다. 변화를 통해 자신에게 감춰진 보석을 찾아보자. 그 보석들은 당신의 삶을 값진 인생으로 만들어 줄 것이다.

영원한 변화
- 나폴레온 힐

표현이 오묘하지만, 우주에서 영원히 변하지 않는 단 한 가지는 변화뿐이다. 즉 세상은 항상 변한다는 의미다. 세상에서 단 1초라도 같은 상태인 것은 없다. 우리의 육신마저 놀랍도록 빠른 속도로 변한다.

위의 표현은 당신의 경험에 비춰 봐도 확인할 수 있을 것이다. 인정받기 위해, 그리고 몇 달러를 더 벌려고 고군분투할 때, 당신이 간절히 필요로 하고 도움을 주는 사람을 만나기는 쉽지 않다. 하지만 막상 당신이 성공해서 더 이상 도움을 필요로 하지 않을 때, 사람들은 줄을 서서 당신을 도우려 할 것이다.

우주에는 끌어당김의 법칙이 작용하는데, 이처럼 모든 상황에서 그런 일이 일어난다. 성공은 더 큰 성공을 가져오고, 실패는 더 큰 실패를 불러온다.

우리는 삶을 살아가는 내내 성공과 실패를 향해 우리를 태우고, 빠르게 흐르는 시냇물의 수혜자가 될 수도 있고, 희생양이 될 수도 있다.

생각은 '실패의 흐름'이 아닌 '성공의 흐름'을 타야 한다.

어떻게 하면 될까? 간단하다. 인생의 역경에 휘둘려 방황하지 말고 운명의 길을 정하는 데 도움이 되는 긍정적인 생각을 하고, 그 생각을 행동으로 옮기면 된다.

42. 망설이지 않는 삶

우리는 특정 시간에 일어나 출근하고, 자신과 가족을 돌봐야 한다. 대부분의 사람들은 건강하게 먹고, 운동하고, 휴식하고, 사람들과 함께 시간을 보내는 걸 좋아한다. 하지만 이와 같은 일상에서 벗어난 상황에 대해서는 얼마나 대비하고 있을까?

- 에이미 엣차Amy Atcha

주저하거나 머뭇거리지 않는 삶을 살기로 결심하면, 자신뿐만 아니라 주변 사람들의 생활도 편해진다. 만약 당신이 의무나 약속, 일상의 업무를 위해 누군가에게 끊임없이 지시하거나 상기시켜 줘야 하는 사람인가? 그렇다면 당신은 당신에게 주어진 삶의 축복을 누리지 못하는 사람일지도 모른다.

개성의 힘에는 자기 주도성, 자제력, 인내심이 포함된다. 그리고 각각의 개성들은 삶을 지탱하는 강력한 발판이 된다. 사색하는 습관을 들이고 그것을 유지하면, 우리를 책임지고 있는 진정한 자아를 발견할 수 있다.

긍정적인 행동을 매일 반복적으로 실행하면 좋은 성격을 형성하는 데에도 도움이 된다. 사람들은 말이 아닌 행동을 보고 상대방의 성격을 알게 된다. '인생은 생각하는 대로 된다'는 말이 사실이기는 하지만, 그 말 속에 빠진 단계가 바로 '행동'이다. 지금 당장 행동하는 것은 자신을 '비판하는 사람들'에 대해 두려워하거나 주저하지 않겠다고 결정하는 것이다. 그러고 나서 성공하겠다는 결심을 실행에 옮기자.

'당장 실행하라!'는 단순한 말이 마음속의 생각을 행동으로 옮기게 만들고, 성공을 향해 나아가는 노력에 추진력을 보탤 수 있다. 생각을 행동으로 옮기는 것은 성공의 문을 여는 열쇠와 같다. 생각만 하고 행동하지 않으면, 당신이 갈망하는 꿈을 실현할 토대가 마련되지 않는다.

오늘 해야 할 일을 실행하기로 결심했다면 '준비가 되었든 안 되었든' 무조건 시작하자. 시작하는 마음의 심리 작용은 스스로를 행동하도록 길들이는 동기 유발에 아주 좋다. 말 그대로 한 걸음씩 내딛으며 성공을 향한 여정을 시작하자. 당신은 이미 어떤 행동을 취해야 할지 알고 있다. 그렇다면 방황하지 않는 사람들이 하는 것처럼 오늘부터 당장 시작하자. 이러한 노력들이 차곡차곡 쌓이다 보면 당신이 꿈꾸는 그 자리를 차지하게 될 것이다.

사고의 습관
- 나폴레온 힐

　망설이거나 주저하는 사람들은 생각을 통제하거나 다듬으려 하지 않고, 긍정적인 사고와 부정적인 사고의 차이도 알지 못한다. 그런 사람들은 자신의 인생에 유입된 빗나간 생각들 때문에 항상 마음이 혼란스럽다. 사고의 습관마저 이리저리 표류하기에 다른 면에서도 분명한 것이 없다.

　'악마와의 인터뷰'라는 우화적 이야기가 있다. 여기서 악마는 스스로 생각할 줄 아는 사상가가 이따금씩 세상에 태어나는 걸 제외하면 두려울 게 없다고 한다. 그러면서 자신은 스스로 생각하는 법을 모르고 주저하는 사람들을 지배할 수 있다고 의미심장한 말을 한다. 악마만이 이렇게 주저하거나 방황하는 사람들을 착취하는 건 아니다. 주저하거나 방황하는 사람들은 자신을 착취하는 모든 존재의 희생양이 될 뿐만 아니라, 자기 마음에 자리 잡고 있는 빗나간 부정적인 생각의 희생양이기도 하다.

　반면에 망설이지 않고, 주저하지도 않는 사람들은 수양을 통해 자신의 마음을 완전히 소유하고 명확한 목표와 계획을 세운다. 이런 사람들은 자신의 목표에 온 신경을 집중하며, 갈망하는 것만 마음에 담아 두고 원하지 않는 생각들은 떨쳐 버린다.

긍정적인 생각과 행동은 인생의 재산 중에서 가장 중요하며, 목적의식 없이 방황하거나 주저하는 사람은 소유할 수 없는 것이다. 그리고 긍정적인 행동은 자기 관리를 통해 빈틈없는 시간 관념을 가질 때에만 얻을 수 있다.

일에 쏟아 붓는 시간조차도 긍정적인 행동이 가져오는 이점을 보상할 수 없다. 긍정적인 행동은 시간을 효율적으로 활용하고 생산적으로 만드는 강력한 힘이기 때문이다. 또한 긍정적인 행동은 들판의 잡초처럼 저절로 생겨나지 않는다. 세심하게 훈련된 사고의 습관을 통해 만들어진다.

사고하는 습관을 통제할 수 있을 때는 자신을 통제할 수 있지만, 생각이 혼란스러우면 자신을 통제할 수 없다. 그러니 생각을 정리하라. 자신이 원하는 것이 무엇이고, 삶에서 열망하는 것이 무엇인지 결정하라. 그런 다음, 자신의 생각을 표현할 방법과 수단을 구체적으로 계획하고, 믿음과 불굴의 인내로 계획을 실행하라. 이렇게 할 때 당신은 자기 운명의 주인이자 영혼의 지휘관이 될 수 있다.

다른 사람들이 어떻게 생각할지 걱정하며 시간을 낭비하지 마라. 중요한 것은 당신의 생각과 행동이다.

43. 페이스 메이커

나폴레온 힐 박사는 결혼이 성공적이려면 이기심을 누를 만큼 충분한 화합과 공통의 관심사가 필요하다고 했다. 물론 맞는 말이지만, 힐 박사는 매우 중요한 요소를 하나를 빠뜨렸다. 거기에 기꺼이 인내하려는 마음이 추가되어야 한다.

- J. B. 힐J. B. Hill

당신에게 감동을 준 영웅은 누구인가?

당신이 따라하거나 본받고 싶은 사람은 누구인가?

지금 당신은 누구에게 관심을 갖고 있고, 과거에는 그 대상이 누구였는가?

어떤 조상을 가까운 친족이라고 느끼는가?

당신의 인생에 지침이 되는 열 명의 명단을 작성해 보자.

당신의 가족, 당신이 속한 문화, 국가와 종교에서 선정하자. 선정했다면, 그 사람들의 생사 여부를 떠나 당신에게 중요한 멘토인 이유를 스스로에게 물어보자. 그런 다음, 그들과 당신이 연결되는 이유를 살펴보자. 그러면 그들의 생각과 아이디어, 관심사, 삶의 태도, 가치와 믿음을 발견하게 될 것이다.

당신이 본받을 사람을 파악했다면, 배울 수 있는 모든 것을 배우자. 누구를 존경하고, 그들이 무엇을 달성했는지 알고 나면 당신의 인생 여정을 훨씬 쉽게 시작할 수 있다. 기억하자. 목적지에 도달하고 싶다면 마음에 두고 있는 목적지가 있어야 한다.

아이들은 자기 발에 맞지 않는 어른들의 신발을 신고 어른 흉내를 내곤 한다. 이와 마찬가지로 당신 역시 성공을 향해 첫 발을 내딛기 전에 조금 큰 신발을 찾아야 한다!

지금 잠시 시간을 내어 인생의 모범이 될 만한 사람들을 떠올려 보자. 그리고 면밀히 살펴본 후 그들이 이끄는 대로 따르자. 당신은 반드시 그들을 따라잡고 결승선에서 그들을 앞서 나갈 것이다.

모범이 되는 사람

- 나폴레온 힐

　부를 이루고, 자신의 믿음을 실행에 옮겨 성공한 사람을 본받을 사람으로 선택하라. 선택한 후에는 그런 사람을 따라잡는 것에 그치지 않고 뛰어넘겠다고 결심하라. 단, 자신의 목표가 무엇인지, 자신이 하려는 일이 무엇인지를 다른 사람에게 알리지 말고 그저 조용히 실행하라.

　수년 전 캘리포니아 롱비치에서 강연을 하던 시절, 생생한 교훈을 얻을 수 있었다. 고속도로를 달리는데 흰색 차선 말고는 아무 것도 보이지 않아, 어디가 어디인지 분간할 수 없을 정도로 안개가 심한 밤이었다. 자동차 라이트를 켰음에도 시야가 확보되지 않아 기어가듯 차를 몰아야 했다. 그런데 조금 먼 거리에서 안개등과 두 개의 비상등을 켜고 달리는 자동차를 발견할 수 있었다. 추가로 달아 둔 라이트 덕분에 그 자동차는 거의 평소처럼 달릴 수 있었다. 그리고 그 자동차는 내가 따라가야 할 대상이 되었다. 그 자동차는 앞서 달렸고, 그 덕분에 나는 편하게 뒤를 따를 수 있었다. 그 자동차가 장애물을 만나면 우리에게 충분히 경고를 보내줄 수 있고, 그러면 나는 장애물을 피할 수 있을 것 같았다.

인생도 마찬가지다. 만약 당신이 선택한 길을 앞서 가고 있는 누군가를 선택한다면, 그 사람이 당신에게 위험을 알려 줄 것이다. 그러면 당신은 위험을 좀 더 쉽게 피할 수 있다. 하지만 책임을 져야 할 부분도 있다는 점을 기억하라. 만약 당신 앞에 가는 페이스 메이커를 추월한다면, 그때부터 당신은 뒤쫓아오는 다른 누군가를 위해 그 역할을 대신해야 한다.

본받을 사람을 선택할 때, 당신이 원하는 속도와 같거나 조금 더 빠른 속도로 달리는 사람이면 좋다. 만약 앞서 가는 사람이 지나치게 속도를 늦추거나 갓길에 멈추면, 또 다른 누군가를 본받을 사람으로 삼아라.

44. 긍정적인 자기 대화

> 뛰어난 리더들은 생산적인 삶을 살았고, 개인의 성공을 위해 원칙을 만들었다. 사람들은 존경하는 리더들이 원칙을 만들기를 기대하고 또 평가한다. 이런 원칙들은 리더만의 관점이나 견해, 또는 경험을 통해 만들어지며, 리더의 평판이나 명예, 이미지를 강화하는 데도 사용된다.
>
> - 포레스트 월리스 카토*Forrest Wallace Cato*

다음 중에서 들어 본 표현이 있는가? 아이들이나 자존감이 낮은 사람, 힘든 하루를 보낸 사람이 다음과 같은 표현을 듣게 되면 마치 예언처럼 작용할 수 있다.

너는 뭐 하나라도 제대로 하는 게 없구나!

너에게는 뭔가 문제가 있는 게 틀림없어.

네가 그 정도라서 그만큼만 거둔 거야.

너는 네 생각만 하니?

너는 정말 게으르구나.

너는 멍청한 게 틀림없어.

너는 하는 일마다 족족 문제만 일으키는구나.

너는 네가 특별하다고 생각하니?

네가 해봐야 뭐 별거 있겠어?

너는 내 말을 듣지 않는구나.

물론 나쁜 의도로 말하려고 한 것은 아닐지 모른다. 하지만 듣는 사람의 태도나 행동을 개선시키려고 사용한 부정적인 표현들은 사실상 정반대의 결과를 낳는다. 그와 같은 부정적인 말을 들은 사람은 이런 생각을 하게 된다.

나는 아무것도 제대로 할 수 없어.
나한테 뭔가 문제가 있어.
나는 이 정도밖에 안 돼.
나는 나 자신만 생각해.
나는 게으른 사람이야.
나는 멍청한 사람이야.
나는 늘 문제만 일으켜.
나는 특별할 게 없어.
내가 해봤자 뭘 하겠어.
나는 누구 말도 듣지 않을 거야.

아무리 '좋은 취지'의 말도 마술을 부리듯 부정적 확신으로 변해서 듣는 사람을 실패로 이끈다. 부정적인 말을 반복하게 되면, 듣는 사람의 무의식에 부정적인 생각이 깊이 새겨지게 된다. 그리고 무의식에 각인된 부정적 생각은 삶에 나쁜 영향을 미치게 된다. 따라서 자신의 삶을 성공으로 이끌기 위해서는 무의식에 새겨진 부정적인 생각을 제거해야 한다. 그렇게 하려면 자기 자신과 긍정적인 대화를 계속해서 나누어야 한다. 자신과의 긍정적인 대화는 부정적인 생각을 없애는 좋은 해독제가 될 수 있다.

부정적인 말을 긍정적인 말로 바꾸는 것이 진정한 성공의 연금술이다. 위에 예시한 열 가지 부정적인 생각을 긍정적인 생각으로 바꾸면서 성공의 연금술사가 되는 연습을 해보자. 먼저 이렇게 시작해 볼 수 있다.

"나는 아무것도 제대로 할 수 없어."를 "나는 모든 걸 제대로 해낸다!"로 바꾸는 것이다. 그리고 이 두 문장을 큰 소리로 읽어 보자. 둘 중 어느 문장이 더 마법처럼 느껴지는가? 나머지 문장들도 똑같은 방식으로 바꿔서 읽어 보자.

자기 암시와 의심
- 나폴레온 힐

프랑스의 심리학자인 에밀 쿠에는 다음 한 문장으로 건강에 관한 생각을 유지하는 간단하고 실용적인 방법을 알려 주었다.

"나는 모든 면에서 날마다 조금씩 좋아지고 있다."

쿠에는 잠재의식이 이 문장을 받아들여서 건강한 상태를 유지할 때까지 매일 여러 번 반복하라고 권고했다.

현명한 사람들은 쿠에의 방법을 듣고 마지못해 미소를 지었다. 하지만 다른 많은 사람들은 믿음을 가지고 이 방법을 받아들여 본격적으로 실천하자 놀라운 일이 일어났다. 사람들의 건강이 실제로 개선된 것이다.

이 방법의 다른 명칭은 바로 '자기 암시'다. 사실 자기 암시에 관해서는 많은 이론과 신뢰할 만한 사례들이 있다. 그리고 이에 관한 근거는 얼마든지 찾아볼 수 있다. 한 가지 더 중요한 것이 있는데, 사람의 무의식은 의식이 믿는 것만 할 수 있다는 점이다.

사람의 무의식을 작동시키는 데 있어서 '믿음'은 가장 중요한 역할을 한다. 그렇기 때문에 한순간의 '의심'은 무의식의 기능을 파괴하고 마비시켜 버린다. 의심은 현관문과 같아서 무의식적으로 키워진 생각에 의해 즉시 문을 닫아 버린다. 따라서 마음에서 오는 모든 의심을 없애야 한다.

에디슨, 마르코니, 라이트 형제는 자신의 믿음을 절대로 의심하지 않았다. 역사적으로 볼 때도 회의론자들은 문명의 진보에 기여하지 못한다.

45. 일상 속에 감춰진 기쁨

사람들이 흔히 저지르는 실수는 생각도 많이 하고 말도 많이 하지만, 생각을 부유함으로 전환하기 위한 행동을 하지 않는다는 점이다. 생각만으로는 아무런 의미가 없다. 생각을 하고, 그 생각에 기초하여 행동하는 것이 당신에게 필요한 전부이다.
- 마일로스 불라토비치Milos Bulatovic

돋보기가 관찰 대상의 크기를 확대하는 것처럼, 우리가 무언가에 관심을 보이면 삶에서 그것을 더 많이 경험하게 된다.

일터에서 잠시 벗어났다가 다시 돌아온 적이 있는가? 그럴 때, 눈에 보이는 모든 새로운 것들이 경이롭지 않은가?

오랜 여행을 떠났다가 집에 돌아와 당신만의 공간에 있는 기쁨을 경험해 본 적이 있는가? 그럴 때 모든 게 달라 보이지 않던가?

가는 것도 좋고 돌아오는 것도 좋다. 인생은 돌고 돈다. 삶의 좋은 면을 깨닫기만 해도 삶에 대한 마음가짐을 바꿀 수 있다. 그리고 긍정적인 마음가짐은 좋은 결과를 낳는다.

인생에 큰 변화를 가져오는 작은 것들을 생각해 보자. 나는 가을 낙엽과 단풍이 물든 경치, 잘 익은 과일 향, 고양이들의 폭신한 털의 감촉, 호박파이 맛 등을 사랑한다. 이런 소소한 기쁨이 없는 인생은 어떤 모습일까? 간혹 큰 행사가 있기는 하지만, 소소한 기쁨은 마치 이 세상에 보이지 않는 작은 요정들 같다. 그 요정들은 우리 주변 구석구석에 숨어 있다. 하지만 천사들은 아주 가끔 나타날 뿐이다. 대천사가 광명 속에서 나타나기를 기대하지 말자. 그 대신 일상의 소소한 일들에 감춰진 작은 요정들을 찾아내고 느껴 보자.

지금 이곳에서의 삶을 즐기자. 오늘은 어제의 내일이다. 그러니 지금 이 순간을 즐기자!

보이지 않는 안내자
- 나폴레온 힐

모든 사람은 자신의 요구를 충분히 채워 줄 보이지 않는 안내자들과 함께 태어난다. 이를 인식하지 못하고 이용하지 못하면 그에 따른 벌이 따르고, 제대로 인식하고 이용하면 확실한 보상을 받는다. 대개 보상으로 받는 것은 지혜인데, 지혜는 삶의 사명을 성공적으로 수행하는데 반드시 필요하고, 가장 가치 있는 재산인 마음의 평화로 이끌어 준다.

나는 이 책에서 개인의 성공에 관한 최고의 비결들을 설명했다. 당신이 그 비결을 이해하면 보이지 않는 안내자들의 도움을 인식할 수 있고, 도움을 받는 방법을 알게 된다. 보이지 않는 안내자들은 우리가 그것을 깨닫고 불러내어 도움을 요청하기를 기다리고 있다.

환상 속의 비현실적인 이야기로 들리는가? 결코 그렇지 않다. '기적과 같다'는 표현이 더 적절할지 모른다. 왜냐하면 내가 아는 한, 아무도 이 보이지 않는 안내자들이 어디서 왔으며, 또 어떻게 그들이 살아 있는 개인의 인생을 안내하는 임무를 수행하는지 설명할 수 없기 때문이다.

보이지 않는 안내자는 모든 사람 안에 '또 다른 자신'으로 존재한다. 이 또 다른 자신은 거울을 들여다봐도 보이지 않고, '불가능'이라는 단어나 어떤 종류의 한계도 인정하지 않는다. 그것은 모든 신체적 고통과 슬픔, 실수, 일시적 실패를 다스리는 자신이기도 하다. 아직도 그 존재를 인식하지 못했다면, 이 책을 읽다 어느 지점에선가 당신의 '또 다른 자신'을 발견하게 될 것이다. 그 지점에 도달하면 당신은 인생의 심오한 전환점에 도달한 것이다.

다만 나는 이 점에 대해 그 무엇도 증명하려고 하지 않겠다. 그저 독자 여러분을 '또 다른 자신'에게 소개하고 싶을 뿐이다. 만약 당신이 또 다른 자신을 인식하고 증거를 바란다면, 모든 증거를 제시할 수 있다. 이것은 그저 '내면을 들여다보고' 인생의 답을 스스로 찾게 하는 방법에 불과하다. 스스로 생각하자!

46. 성공의 십계명

오늘 이 세상을 살고 있다는 사실을 깨닫는 것은 슬픈 일이다. 만약 당신이 하겠다고 말한 것을 신뢰할 수 있는 방식으로 실천한다면, 사람들은 당신을 주목할 것이다. 그리고 당신의 영향을 받는 사람과 고객들 사이에서 전설이 될 것이다.

- 짐 스토발*Jim Stovall*

자신의 지혜가 한계에 이르렀다고 느낀 적이 있는가? 포기한 것처럼 말이다. 그럴 때, 기꺼이 포기하는 것이 좋을까? 어디로 가야 할지 확신이 서지 않는가? 최선을 다했지만 여전히 오르막에서 고전을 면치 못하고 있어서 침울한가?

이들 질문 가운데 하나라도 '그렇다'고 대답했다면 성공학의 세계로 온 것을 환영한다.

모든 체리에는 씨가 들어 있고, 농어에는 가시가 달려 있으며, 옥수수는 껍질에 쌓여 있다. 이런 사실을 알고 있다고 해서 식사를 준비할 때 이들 식재료를 사용하지 않는 것은 아니다. 마찬가지로, 인생의 작은 문제, 우회로, 다소 복잡한 일 때문에 성공하려고 태어난 우리가 성공하지 못하는 건 아니다. 모든 일이 늘 순조롭지만은 않다는 사실을 받아들이자. 웅덩이를 돌아가고, 가시밭길을 건너야 목적지에 도달할 수 있다. 문제라고는 전혀 없는 인생은 있을 수 없고, 설령 있다고 해도 그런 인생은 발전도 없다.

운 좋게 걱정하지 않고 사는 사람들을 떠올려 보자. 그런 삶은 겉보기에는 한없이 좋아 보이지만, 덮고 있던 포장지는 금세 벗겨지기 마련이다. '남의 떡이 더 커 보인다'는 격언에는 '모든 건 바라보기 나름'이라는 뜻이 담겨 있다.

삶에 대한 올바른 관점을 갖게 되면 정말로 중요한 일에 집중하고, 나머지 일은 무시할 수 있다. 모든 전투에 나가 싸울 필요도 없고, 매일 모든 문제와 싸울 필요도 없다. 내 삶의 열정에 초점을 맞추면 자잘한 일들은 의도적으로 무시할 수 있기에 더 많은 발전을 이룰 수 있다.

나폴레온 힐은 자신의 성공철학에서 성공의 십계명을 강조했다. 그의 말처럼 매일 성공의 십계명을 암송하면 성공법칙의 기본에 익숙해질 것이다. 당신이 성공의 십계명을 삶의 지침으로 삼는다면, 다른 사람의 권리를 침해하지 않는 선에서 당신이 열망하는 성공의 경지에 도달하게 될 것이다.

1. 머리와 가슴을 명확한 목표에 맞추고 일터로 나가라. 그러면 당신이 일하는 곳에서 그 목표를 달성할 수 있다.

2. 받는 대가보다 더 많이 일하려는 습관을 들이고 최선을 다하라. 그러면 당신의 존재감은 커질 것이다.

3. 스스로 마음가짐을 통제하여 항상 긍정적인 태도를 유지하고 패배주

의를 멀리 하라.

4. 다른 사람의 행동에 상관없이 모든 인간관계에 황금률(대접 받고 싶은 대로 다른 사람에게 대하라)을 적용하라.

5. 당신의 직업이나 일, 사업과 관련해서 발견한 다른 사람들의 모든 것을 배우고, 그들의 경험으로부터 삶의 지혜를 얻어라. 자신의 신세를 한탄하며 시간을 낭비하지 말라.

6. 음식을 고르게 먹되 과식하지 말고, 독성이 몸에 오염되지 않도록 주의하라.

7. 삶의 요구 및 욕구와 관련된 생각들로 머릿속을 채우고, 원하지 않는 것들은 떨쳐내라.

8. 성적 욕구를 인생의 목표 달성을 위한 노력으로 전환하는 방법을 배워라. 명심하라. 성욕은 제한 없는 가능성을 낳는 힘이다.

9. 당신이 누군가를 위해 일한다면 당신의 방식이 아닌 상사의 방식으로 온화하고 유쾌하게 일하라.

10. (누군가 비판받아 마땅하다 해도) 다른 사람을 비판하기보다는 자신의 개성을 발견하는 데 시간을 써라. 그렇게 함으로써 다른 사람에게 비판 받을 만한 빌미를 제공하지 마라.

이와 같은 성공의 십계명을 성실히 따르면, 당신의 재능과 교육과 경험은 당신에게 즐거움을 줄 공간을 차지할 수 있도록 도움을 줄 것이다. 또한 당신에게 이해관계를 초월한 마음의 평화를 가져다 줄 것이다.

47. 또 다른 문

> 때때로 우리는 일시적인 패배의 수렁에서 벗어나서 승리를 거머쥘 때
> 까지 뒤로 물러설 수 있는 고통을 견뎌내야 한다. 인생에서 가장 큰
> 위기나 역경이 닥치면 보이지 않는 절대자가 구원해 줄 것이라는 믿
> 음을 가지고 승리가 당신의 것이 될 때까지 목표를 향해 계속 나아가
> 야 한다.
>
> - 엘리에셀 알퍼스타인Eliezer Alperstein

학창 시절, 내 친구 중 하나는 1학년 성적이 너무 좋지
않아 2학년으로 진급할 수 없었다. 그런 이유로 오하이오 주 법
학대학원에서 퇴학을 당하는 큰 좌절을 경험해야 했다. 그 친구
는 나름의 노력을 했지만, 학교 당국에서 지정한 평점을 받지 못
해 결국 장학금도 포기해야 했다. 고작 0.1점이 모자랐다! 하지
만 친구는 이미 학사 학위, 석사 학위, 그리고 종교학 학위를 가
지고 있었다. 예전에 교사였고, 학교 교장이었으며, 지금은 섭리
수녀회의 수녀이다.

그 친구는 인생의 새로운 단계를 시작하려고 노력하는 과정에
서 왜 이런 일이 일어났는지 주님께 물어보았다. 그리고 친구는
신의 섭리를 믿고 있다는 사실을 다시금 깨달았고, '실패'를 주님
의 뜻으로 받아들였다.

인생의 경로 변경을 받아들인 후, 그녀는 다른 주로 이주하여

새로운 일을 시작했다. 그리고 놀랍도록 빠른 시간 안에 큰 규모의 교구 책임자로 진급했다. 이 모든 일은 친구의 나이 60대에 일어났다. 그녀는 그 후에도 10년 이상 더 일을 했다. 신의 섭리에 대해 묻는다면, 그녀는 아마도 도로의 급커브가 길의 끝이 아니라고 말해 줄 것이다.

어쨌든 그녀는 로스쿨의 '거절'을 받아들였기에 인생에서 진정으로 자신의 자리를 찾을 수 있었다. 신의 섭리가 안내한 것인가? 그녀의 말대로, 나는 주님이 인도하여 그녀가 그런 선택을 할 수 있었다고 생각한다. 모든 문이 닫혀 버리는 바람에 그녀는 스스로 새로운 문을 열 수밖에 없었던 것이다.

나는 그 친구에게서 큰 교훈을 얻었다. 당신 앞에 있는 모든 문이 닫히면, 그것은 신의 섭리가 당신이 선택한 목적지보다 더 큰 목적지를 염두에 두고 있다는 뜻이다. 믿음의 반대말은 불신이 아니라 두려움이다. 문이 닫히면, 기대하지 않았던 다른 문으로 나아가라. 그 문이 당신을 꿈에 그리던 성공으로 인도할 것이다.

어떤 상황에서도 두려워하지 말고 자신을 믿어라. 그래야 성공할 수 있다.

성공하리라는 희망

- 나폴레온 힐

패배를 새로운 결심과 자신감으로 다시 도전하도록 이
끄는 격려로 받아들인다면, 성공은 시간문제일 뿐이다. 패배를
최종적인 불변의 것으로 받아들여서 자신감을 잃어버리면 성공
의 희망마저 버리는 것이나 다름없다.

당신이 경험하는 모든 실패는 인생의 중요한 전환점이 된다.
실패하면 새로운 자심감이 필요하고, 자신감이 부족함을 느낄
것이기 때문이다.

패배는 종종 사람의 자만심을 덜어주기도 한다. 그러나 자만
심은 인격의 믿을 만한 덕목에 근거한 자신감과는 다르다. 그렇
기 때문에 패배했을 때 포기하는 사람은 자만심을 자신감으로
착각했다는 것을 의미한다.

자신감을 가진 사람은 성격도 건강하다. 둘은 서로의 원천이
되기 때문이다. 건강한 성격은 싸워 보지도 않은 채로 패배에 굴
복하지 않는다.

48. 나는 할 수 있어!

버지니아 주립대학 와이즈 캠퍼스를 처음 방문한 나는, 입학할 수 있는 기회를 거절할 수 없었다. 캠퍼스는 아름다웠고 직원들은 매우 친절했다. 나는 그들과 유대감을 느꼈다. 멀리 고향을 떠나왔지만, 캠퍼스에서 안락함을 느꼈다.

- 앰버 카터Amber Carte

    성공을 갈망하고 추구하는 과정에서 반드시 가져야 할 성격의 덕목으로 '자신감'을 들 수 있다. 자기 확신과 어떤 도전이라도 기꺼이 감수하려는 자신감은 인생 초기에 부모가 자녀에게 주는 선물이다. "너는 할 수 있어!"라고 격려할 때, 아이들은 과제를 시작해서 끝낼 때까지 자신의 능력을 충분히 신뢰한다. 아이를 칭찬하고 격려해서 뭔가를 성공적으로 해낼 수 있도록 이끄는 부모는 아이의 인생에 성공의 초석을 놓아 주는 것과 같다.

    나폴레온 힐의 '자신감의 공식'은 성공으로 향하는 나만의 길을 만들어 준다. 또한 성공은 오로지 '자기 책임'이라는 사실을 깨닫게 해준다. 나는 강의를 할 때, 시인 에드가 게스트의 「그것을 할 수 없었다It Couldn't Be Done」라는 시를 낭송하곤 하는데, 이 시를 낭송하면 청중들은 따뜻하게 반응한다. 이 시를 낭송한 뒤 내면에 얼마나 많은 자신감이 생기고 성공의 기운이 샘솟는지 느껴 보자.

그것을 할 수 없었다

- 에드가 A. 게스트Edgar A. Guest

누군가 말했지, 그건 할 수 없는 일이라고.

하지만 그는 킥킥 웃어대며

'아마 못했겠지!'라고 대답했지만,

그는 시도해 보지 않고 그렇게 말하는 사람이 아니라네.

그래서 그는 소리 없이 웃으며 바로 시작했네.

걱정한다면 숨겼겠지.

할 수 없는 일을 하며 그는 노래하기 시작했네.

그리고 그는 해냈다네.

누군가 비웃었지.

"너는 절대로 할 수 없을 거야. 아무도 해낸 적이 없거든."

하지만 그는 외투와 모자를 벗었고

우리는 그때 알았다네. 그가 일을 시작했다는 것을.

고개를 들고 미소를 지은 채

어떤 의심도 없이, 어떤 궤변도 늘어놓지 않은 채

그는 할 수 없는 일을 하며 노래하기 시작했네.

그리고 해냈다네.

수천 명이 너에게 할 수 없는 일이라 하네.

수천 명이 실패를 예언하네.

수천 명이 하나씩 보여주네.

어떤 위험이 도사리고 있다가 너를 덮칠지.

그래도 빙그레 웃으며 시작하자.

외투를 벗고 바로 시작하자.

노래를 부르며 '할 수 없는' 그 일을 해 보자.

그리고 해낼 것이다.

자신감 공식
- 나폴레온 힐

　나는 내 삶에서 분명한 목적을 이룰 수 있는 능력을 가지고 있다는 것을 안다. 목적을 달성하기 위해 계속해서 노력하겠다고 다짐한다.

　나는 마음에 가득 찬 생각이 밖으로 표현된다는 것을 깨닫고 있다. 내 마음속에 가득 찬 생각은 물리적 행동으로 실체화 되고, 결국 현실이 된다는 것도 알고 있다. 그래서 나는 하루에 30분씩 마음을 비우고 내가 어떤 사람이 되고 싶은지에 대해서 생각할 것이다.

　나는 자기 암시의 원칙을 통해 어떤 바람도 이루어질 수 있다는 사실을 알고 있다. 그래서 나는 매일 하루에 10분씩 스스로 자신감을 기르기 위해 노력할 것이다.

　나는 내 삶의 명확한 목표를 적어 두었다. 그 목표를 성취할 자신감을 충분히 얻을 때까지 노력을 멈추지 않을 것이다.

　나는 진실과 정의 위에 세워지지 않은 부유함이나 지위는 오래 가지 않는다는 것을 알고 있다. 그래서 나는 사람들에게 유익하지 않은 일은 어떤 것도 하지 않을 것이다.

나는 다른 사람과의 협력을 통해 성공할 것이다. 다른 사람들을 돕고, 다른 사람들이 나를 돕도록 할 것이다.

나는 인류에 대한 사랑을 키움으로써 증오와 시기, 질투, 이기심, 냉소를 없애 버릴 것이다. 타인에 대한 부정적인 자세는 결코 성공을 가져다줄 수 없기 때문이다.

나는 남을 믿고, 자신을 믿고, 또 남들도 나를 믿도록 할 것이다.

나는 이상의 공식에 서명하고 마음에 새길 것이다. 그리고 이 공식이 내 생각과 행동에 영향을 미쳐서 결국 나를 독립적이고 성공적인 사람으로 만들어 줄 것이라는 믿음을 가지고 하루에 한 번씩 크게 암송할 것이다.

49. 진정한 소명

*아이들에게 선물이나 재료를 사주는 것은 자연스러운 일이듯, 가정
경제에도 부양책이 필요하다. 하지만 우리의 도덕 경제는 훨씬 더 많
은 부양책을 필요로 한다. 아이들에게 시간과 사랑을 베풀어 개선되
지 않는 방향을 바꿔야 한다. 아이들에게 사랑과 시간을 투자하면 비
용은 발생하지 않지만 많은 것을 줄 수 있다.*

- 산타클로스Santa Claus

인생에서 진정한 천직天職을 찾는다는 건 쉬운 일이 아
니다. 많은 사람들이 천직을 찾으려고 모자를 바꿔 쓴다. 때로는
좋아하는 일로 생계를 유지할 수 없어 좌절하거나 두려움에 떨
기도 한다. 그러면서 인생의 진정한 목적을 찾는 일을 단념하고
만다. 하고 싶은 일이나 즐기는 일은 대개 우리가 잘하는 것이
다. 그리고 거기에 감춰진 보물, 즉 소명이나 천직이 있다.

삶에 만족을 주지 못하고 그저 재정적 안정만을 주는 분야에
서 커리어를 쌓아도 삶의 유익함은 없다. 그보다는 금전적으로
조금 아쉬워도 만족감을 느낄 수 있는 일을 추구하는 것이 낫
다. 만일 금전적인 보상이 없음에도 끌리는 일을 하고, 그 일을
하는 동안 시간 가는 줄 모르고 몰두할 수 있고, 다른 사람에게
해가 되지 않는 일이라면, 당신은 천직이나 숨은 재능을 발견한
것이다.

감춰진 자산은 때로는 안에 묻혀 절실한 필요가 생겨 불러내지 않는 한 잘 드러나지 않는다. 감춰진 자산은 역경이나 불만족 또는 일상에서 최고의 재능을 불러낼 뭔가를 하고 싶다는 기대일 수 있다. 이런 재능이 일상에서 표출되고 인식하는 것은 고향으로 돌아가는 것, 진정한 자신을 발견하기 위한 내면의 여행을 시작한 것이다.

당신이 일을 하기에 너무 게으르거나 산만해서 다른 사람에게 일을 떠미는 사람인가? 또는 동료, 친구, 사랑하는 사람이나 행인에게 예의를 갖추지 않는 사람인가? 그렇다면, 언젠가는 대가를 치를 것이다. 반대로 당신의 호의에 응답하지 않는 사람이라도 온정을 베풀면 어떻게 될까? 또 '내게 뭔가 이익이 될 것이라는 생각'으로 선행을 위한 선행이 아닌 진심으로 선행을 한다면 어떻게 될까?

당신의 긍정적인 마음가짐이 올바른 마음에서 비롯되었다면, 당신에게 안성맞춤인 일을 할 수 있도록 길이 열릴 것이다. 그때 당신은 그 흐름을 막지 않고 열린 길로 나아갈 때 인생의 사명을 다할 수 있다.

나폴레온 힐에 따르면 우주의 법칙은 실패는 없고 언제나 통한다. 사람은 생각하는 대로 된다. 인생에서 바라지 않는 것에 초점을 맞출 필요가 있겠는가? 선한 마음으로 선행을 행할 때 좋은 일이 생긴다. 이 점을 깨닫고 성공의 고속도로를 달려 보자.

감춰진 자산 이용하기
- 나폴레온 힐

　우리의 내면에는 부와 성공을 이루는데 필요한 것들이 갇혀 있다. 이 숨은 자산들을 어떻게 이용하는지를 배워야만 사용할 수 있게 된다. 안타깝게도 많은 사람들이 내면의 숨은 자산들을 이용하지 못한 채 살아간다. 그렇지만, 어떤 사람들은 역경과 시련을 통해 내면의 자산을 이용하는 법을 배우기도 한다.

　크리스마스가 다가올 무렵, 직업을 잃은 회계사가 있었다. 그는 열 살짜리 아들에게 선물을 사 줄 돈도 없었다. 하지만 그는 절망하지 않았고, 아들에게 선물을 직접 만들어 주기로 했다. 그는 버려진 유모차에서 뺀 바퀴 두 개와 지하실에 있던 통나무 몇 개, 그리고 빨간색 페인트를 이용해서 이웃사람들의 시선을 사로잡는 장난감을 만들었다.

　그러자 이웃의 다른 아이들도 이 장난감을 갖고 싶어 했다. 이 장난감을 찾는 사람들이 늘어나자 실업자였던 회계사는 자기 집 지하실을 공장으로 탈바꿈시켰고, 훗날 자기 상품을 생산하는 공장을 세우게 되었다. 이 회계사가 디자인한 장난감은 훗날 '스쿠터'로 불리게 되었다.

1차 세계대전에서 돌아온 참전 군인의 이야기를 살펴보자.

그는 전쟁이 발발하기 전에는 영업사원이었지만, 참전하고 돌아온 뒤에는 실업자가 되었다. 그러나 그는 자신의 숨은 자산을 이용했다. 그는 아이스크림에 막대기를 끼우고, 초콜릿을 발라서 팔기 시작했다. 이 아이스크림이 바로 '에스키모 파이(초콜릿을 씌운 장방형의 아이스크림)'다.

한 청년이 주유소에서 열심히 일했지만, 일은 힘들고 수당은 형편없었다. 그는 '건설적인 불만족'으로 가득 차 있었다. 결국 청년은 어린이 책을 팔기 시작했다. 그는 학교 교사들과 친분을 맺고 어린이 책을 교실에서 읽어 줘도 된다는 허가를 받았다. 그리고 아이들에게 부모님과 만날 약속을 잡아도 되는지 물었다. 그는 아이들의 부모를 만나서 책을 팔고자 했던 것이다. 그의 계획은 멋지게 성공했고, 그는 자신만의 출판사를 갖게 되었다.

눈에 쉽게 보이지 않아서 간과하기만 했던 '숨은 자산'을 찾아보았는가? 찾아서 사용하기만 하면 훌륭한 가치가 있을 아이디어나 계획을 가지고 있는가?

크게 성공한 사업가는 이렇게 말했다.

"계속 팔릴 유용한 물건을 준비하라. 그리고 그 물건이 필요한 수백만 명에게 물건을 팔기 위해 자신의 모든 것을 쏟아 부어라."

이 사업가의 이름은 F. W. 울워스다. 그는 새로운 것은 아무것도 만들지 않았다. 그는 단지 새로운 영업 방식으로 원래 존재하던 것을 판매했을 뿐이다.

오늘날에는 성공의 기회가 그 어느 때보다 많다. 그리고 점점 더 많아지고 있다. 예를 들어 보자. 교통사고를 줄이기 위한 간단한 방법을 고안한 사람은 수백만 달러를 벌어들이고 있다. 당신도 이런 식으로 기회를 찾아낼 수 있다.

당신이 사용하지 않은 숨은 자산은 어딘가에 반드시 존재한다. 그 자산을 이용하면 당신도 재정적으로 부유한 삶을 살 수 있다.

50. 12월 31일에 할 일

많은 사람들이 과거나 미래를 사는 경향이 있다. 하지만 그건 착각이고 실체가 없다. 대개 삶의 진정한 아름다움은 현재에 있다. 당신을 둘러싼 인생과 자연의 아름다움에 감사하며 지금 순간을 소중히 여긴다면, 삶은 수많은 긍정의 에너지를 얻을 수 있다. 당신은 그 에너지를 이용해서 꿈을 계획하고 이룰 수 있다.

- 나폴레온 힐Napoleon Hill

12월 31일은 보통 그해에 일어난 일을 회상하는 시간이다. 또한 하루하루를 살며 삶이 주는 경험을 회상하고 돌아보는 노스탤지어와 같은 시간이다. 더 나은 삶을 위해 어떻게 변할 수 있는지, 깨뜨릴 수 있는 틀은 무엇인지, 없앨 수 있는 패턴은 무엇인지 살펴보는 시간이기도 하다. 이 날은 새해의 다짐을 열거하는 시간이기도 하다. 새해에 우리가 실천하겠다고 정한 일들을 종이에 약속으로 적는 시간이다. 더 많이 공부하고, 가족과 더 많은 시간을 보내고, 이루지 못한 꿈을 달성하고, 잘못된 것을 바로 잡고, 너무 오랜 시간동안 미뤄 둔 일을 하는 것은 모든 사람의 목록에 들어 있는 단골 항목이다.

해마다 목표는 달라진 게 없지만, 새해에는 내 목표를 최우선 과제로 삼을 것이다. 너무 자주 내 목표가 뒷전으로 밀렸고, 다른 목표들이 끼어들어 나의 새해 소망 리스트의 중심을 차지하는 상황에 화가 났다. 흔히 이런 목표들은 내가 아닌 다른 누군가에게서 기인한다. 무언가를 부탁하는 사람은 이것만 처리되며 더 이상 부탁하지 않겠다고 약속한다. 하지만 우리가 살면서 흔히 겪는 시나리오이므로 뒷이야기가 어떻게 전개될지 모두가 알 것이다.

나폴레온 힐은 보상의 법칙에 대해 이렇게 말했다.

"선(善)을 행하면 그 선이 좋은 일과 함께 돌아온다는 것이 보상의 법칙의 핵심이다!"

나는 그 말이 옳다고 믿으며 직접 경험하기도 했다. 하지만 자기 자신에게 먼저 좋은 사람이 되어야 한다는 것을 기억해야 한다. 자신의 꿈을 소홀히 하면 득 될 것이 없다. 그저 분개하기만 해서는 오래 버티지 못한다. 나 먼저 물을 기른 후, 우물이 넘칠 때 다른 사람에게 주자. 있는 그대로의 자신을 인정하고 세상에 태어난 사명을 인정한다면, 그런 방법은 항상 통할 것이다. 태어날 때 주어진 사명을 이행하지 못하면, 다음 번에 또 다시 똑같은 과제를 받게 될 것이다. 이것은 인류의 선을 위해 우리가 반드시 해야 할 일이다.

세월의 시계
- 나폴레온 힐

세월의 시계침이 빠르게 움직이고 있다! 우리는 "뒤로, 뒤로 돌려. 이런… 시간이 쏜살같이 가네."라고 외치지만 시간은 우리의 외침을 들어주지 않는다. 하지만 세월의 시계가 생각만큼 빠르지는 않다! 그러니 깨어나자. 한때 되고 싶었으나 되지 못한 사람이 되기에 충분한 시간이 있다. 일어나 정신을 가다듬자. 아직 탐색해야 할 미래가 남아 있다!

소홀했기에 처음부터 다시 하기 위해 환생할 필요는 없으며, 현재 주어진 시간을 잘 활용하자.

경고는 이미 받았다! 이제 책임은 당신 몫이다. 당신이 시간을 최대한 활용했는지 판단할 수 있는 간단한 테스트가 있다. 만약 마음의 평화와 필요한 만큼 충분한 물질을 소유했다면 시간을 잘 사용한 것이다. 당신이 이런 하늘의 축복에 이르지 못했다면 시간을 제대로 사용하지 못한 것이다. 이제 당신은 부족했던 하늘과의 연결을 모색해야 한다.

진정으로 위대한 사람들은 '허송세월'로 현실을 흘려보내지 않는다. 그들의 마음은 건설적인 사고 패턴에 영구적으로 맞춰진 채로 유지된다. 그들은 시간을 매우 의미 있게 활용하여 내면으로부터 듣고 이해하는 기민함을 가지고 있다. 또한 그들은 부정적인 생각이 들면 즉시 긍정적인 사고로 전환한다. 그러고는 그것에 맞는 긍정적이고 물리적인 행동으로 생각을 실천한다.

똑딱, 똑딱. 세월의 시계추는 빨리 움직인다!

문명의 발전을 위한 대대적인 변화가 진행 중이다.

옳음과 그름의 세력은 우위를 점하려고 치열하게 싸운다. 그리고 맞서 대처해야 할 때가 누구에게나 온다. 그리고 모두에게 주어진 시간을 어떻게 사용했는지 살펴보면, 우리가 옳음과 그름 중 어느 쪽에 서 있는지 알 수 있다.

확실한 이유는 알 수 없어도, 우리가 사는 시대는 인류의 역사에서 보여주었던 것보다 훨씬 더 많은 개인의 발전이 이루어졌다. 그만큼 시간의 속도를 빠르게 올려 버렸다. 그리고 이 시대의 수많은기회들 중에서 시간과 자신을 관련지을 때만, 당신 몫을 받아들이고 활용할 수 있다.

사람은 마음에 품고 있는 것은 무엇이든 이룰 수 있다.

오늘보다 나은 내일을 위해 실천할 것들
- 나폴레온 힐

명확한 목표 : 성공한 사람들은 자발적으로 행동한다. 그들은 출발 하기 전에 어디로 향하는지 알고 출발한다.

훌륭한 친구들 : 다른 사람들과 관계를 맺고 어울리지 않으면 성공 할 수 없다.

실천하는 믿음 : 할 수 있다고 믿으면 실제로 할 수 있다.

최선을 다하는 습관 : 성공한 사람들은 다른 사람들을 위해 일한 사 람들이었다.

유쾌한 믿음 : 인간관계에서 유쾌한 성품은 매우 중요하며, 성공한 사람들은 자신에게도 타인에게도 유쾌한 사람이었다.

자기 주도성 : 말단 직원이었던 사람들도 다가온 기회를 놓치지 않 고 잡아서 성공한 기업가가 되었다.

긍정적인 자세 : 간절히 바라는 것에 대해서만 생각하면 그것을 이 룰 수 있다.

열정 : 간절한 소망이 자기 마음을 사로잡게 하라. 열정적인 동기가 뒷받침되어야만 원하는 것을 이룰 수 있다.

자기 수양 : 자기 생각의 주인이 되어 감정을 조절하고, 운명을 결 정하라.

정확한 생각 : 어떤 사실을 믿고 싶지 않거나 그에 대해 무지하고 편협한 태도를 보일 수 있다. 하지만 그렇다고 해서 진실이 변하

는 것은 아니다.

주의력 조절 : 원하는 것에 대해서만 생각하고, 원하지 않는 것은 마음에서 떼어내라.

팀워크 : 조화로운 협동은 나눔을 통해서 얻을 수 있는 가장 가치 있는 자산이다.

역경과 시련 : 모든 시련과 역경은 그에 합당한 보상의 씨앗과 함께 온다는 사실을 기억하라.

창조적인 비전 : 상상력은 목표 성취에 필요한 계획을 짜는 영혼의 공작소다.

건강관리 : 스스로 아프다고 생각하면 병에 걸리게 된다.

시간과 돈 관리 : 현재의 시간과 돈은 10년 후의 자기 모습을 그려 보면서 관리하라.

보편적 습관의 법칙 : 지금 이 순간의 생각과 행동 습관이 자신을 만든다.

나폴레온 힐 긍정의 힘

2021년 2월 10일 초판 1쇄 발행

지은이 | 나폴레온 힐 • 주디스 윌리엄슨
옮긴이 | 이소옥

펴낸이 | 계명훈
편집 | 손일수
마케팅 | 함송이
경영지원 | 이보혜
디자인 | 이혜경
인쇄 | RHK홀딩스

펴낸 곳 | for book
주소 | 서울시 마포구 만리재로80 예담빌딩 6층
출판 등록 | 2005년 8월 5일 제2-4209호
판매 문의 | 02-753-2700(에디터)

값 15,000원
ISBN 979-11-5900-122-2 (13320)

본 저작물은 for book에서 저작권자와의 계약에 따라 발행한
것이므로 본사의 허락 없이는 어떠한 형태나 수단으로도 이 책의
내용을 이용할 수 없습니다.

*잘못된 책은 교환해 드립니다.